Das *Spiralschneider* Kochbuch

Hinweise zum Buch

Backofentemperaturen

Die Backofentemperaturen in diesem Buch beziehen sich auf einen Elektroherd mit Ober- und Unterhitze.
Falls Sie mit Umluft arbeiten, reduziert sich die Temperatur um 20 °C.

Mengenangaben

Löffelmengen

1 El Mehl, Backpulver, Stärke	=	10 g
1 El gehackte Nüsse	=	10 g
1 El gemahlene Nüsse	=	5 g
1 El Butter	=	10 g
1 El Sahne	=	10 ml
1 El Kakaopulver	=	5 g
1 El Zucker	=	15 g
1 El Puderzucker	=	10 g
1 El Konfitüre	=	15 g
1 El Honig	=	15 g

Sonstige

1 Päckchen Vanillezucker	=	8 g
1 Päckchen Backpulver	=	15 g
1 Päckchen Puddingpulver	=	35 g

Abkürzungen:

ca.	=	circa
cl	=	Zentiliter
cm	=	Zentimeter
El	=	Esslöffel
g	=	Gramm
Kcal	=	Kilokalorien
kg	=	Kilogramm
kJ	=	Kilojoule
l	=	Liter
Min.	=	Minuten
ml	=	Milliliter
Std.	=	Stunde
TK	=	Tiefkühlprodukt
Tl	=	Teelöffel
Ø	=	Durchmesser

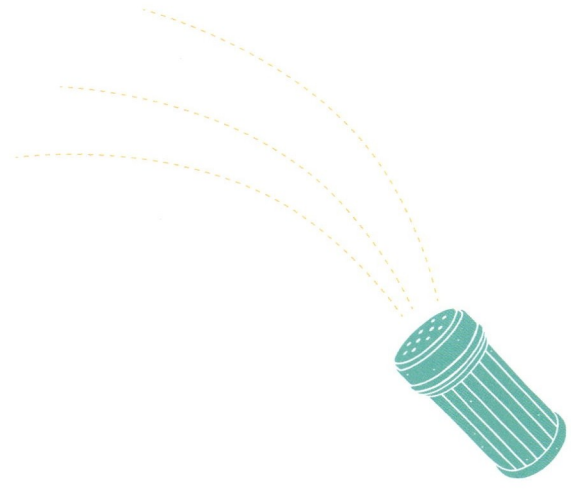

Fotografie:
Studio Klaus Arras, Mitarbeit: Katja Briol

Illustrationen:
Fotolia.com: Zickzack-Muster (© Iveta Angelova), alle gegenständlichen Illustrationen (© rinohara),
flächige bunte Textunterlegungen (© Maria Kazanova)

Das *Spiralschneider* Kochbuch

Nudeln aus Gemüse und Obst

Inhaltsverzeichnis

Hauptspeisen

Desserts & Gebäck

Rezeptverzeichnis

Spiralize it!

Gemüsenudeln – lange Spiralen, dünne und dicke Spaghetti sowie Bandnudeln aus Gemüse – sind der neue Trend in der Küche. Sie sind einfach herzustellen, schmecken lecker und haben kaum Kohlenhydrate und Kalorien. Und auch optisch sind sie für jedes Gericht eine Bereicherung!

Der bereits seit langem anhaltende Trend der kohlenhydratarmen Ernährung hat den Klassiker unter der gesunden Pasta, die Zucchininudeln – Zoodles genannt – bereits in vielen Küchen bekannt gemacht. Der Begriff Zoodles steht dabei für Zucchini und Noodles (englisch für Nudeln). Die sogenannten Zoodles lassen sich wie normale Nudeln verwenden und werden mit verschiedenen Saucen kombiniert. Vor der herkömmlichen Nudel aus Weizenmehl muss sich die Gemüsepasta nicht verstecken. Im Gegenteil! Kombiniert mit den richtigen Zutaten wird aus den Gemüsenudeln ein feiner Gaumenschmaus. Auch Möhren, Gurke, Kohlrabi, Rote Bete, Kürbis oder Brokkoli können zu Nudeln verarbeitet werden. Die Gemüsenudeln schmecken warm oder kalt und machen auch in Suppen, Aufläufen oder Eintöpfen eine gute Figur. Und auch aus Obst wie beispielsweise Äpfeln, Birnen oder Quitten lassen sich Nudeln herstellen. Aromatische Obstpasta lässt sich prima mit Gemüsenudeln kombinieren, aber auch solo sorgt sie für ein fruchtiges Geschmackserlebnis und ist optisch immer ein Highlight.

Für die neuen Nudeln wird Gemüse oder Obst direkt mithilfe eines Spiralschneiders zu langen Spaghetti verarbeitet. Sobald Sie den Dreh raushaben, können Sie Ihrer Kreativität freien Lauf lassen und mit verschiedenen Gemüse- und Obstsorten experimentieren. Noch nie war bewusste und gesunde Ernährung so einfach und formschön wie mit den Gemüsenudeln.

Gemüsenudeln – gesunder Genuss!

Die feine Gemüsepasta ist nicht nur optisch eine Augenweide, die mit ihren Spiralen jedes Gericht aufpeppt und für Staunen bei den Gästen sorgt. Gemüsenudeln liefern auch jede Menge Vitalstoffe und enthalten, im Gegensatz zur Pasta aus Hartweizengrieß, kaum Kohlenhydrate und weniger Kalorien. Gemüsepasta eignet sich zudem perfekt für alle Ernährungsformen mit Trend-Faktor wie die vegane Ernährung, Low Carb, Raw Food und die Steinzeitkost Paleo. Auch für Menschen mit Glutenunverträglichkeit sind die Gemüsespaghetti ideal und eine prima Alternative zur traditionellen Spaghetti, da sie vollkommen glutenfrei ist.

Zur Herstellung der Gemüsepasta verwenden Sie am besten frisches Obst und Gemüse aus biologischem Anbau. So versorgen Sie Ihren Körper mit dem Optimum an Vitalstoffen. Wer dabei darauf achtet, Gemüse und Obst möglichst in ihrer Saison regional beim Bauern in der Nähe zu kaufen, der leistet zudem einen wichtigen Beitrag für die Umwelt.

Generell gilt: Mit den Gemüsenudeln können Sie einfach und unkompliziert mehr Gemüse in Ihre Ernährung integrieren und nach Herzenslust gesund schlemmen.

Welche Geräte eignen sich?

Auf dem Markt sind verschiedene Modelle erhältlich, die das Gemüse ganz einfach in Pastaform bringen.

Sparschäler

Mit einem herkömmlichen Sparschäler lassen sich Gemüsesorten wie Zucchini, Möhren oder Rettich in Pasta verwandeln. Dazu das Gemüse gegebenenfalls halbieren und/oder vierteln. Mit dem Sparschäler in breite Streifen schneiden. Entweder als breite Bandnudeln verwenden oder mit einem scharfen Messer in dünne Streifen schneiden. Darüber hinaus gibt es auch Sparschäler, die bereits Julienne-Streifen schneiden. So können Sie mit etwas Arbeitsaufwand direkt kürzere Gemüsespaghetti herstellen.

Spiralschneider in Sanduhrform

Das kleine Gerät liegt gut in der Hand und erinnert in seiner Form an eine Sanduhr. Das Gemüse wird wie bei einem Bleistiftspitzer per Hand zu besonders langen Spaghetti gedreht. Dabei gibt es bei dem Spiralschneider die Wahl zwischen einem feineren oder einem breiterem Messer. Für die trichterförmige Öffnung sind allerding nur klassische Gemüsesorten mit einer länglichen Form wie Zucchini, Möhre oder Gurke geeignet. Runde und große Obst- und Gemüsesorten wie Apfel, Rote Bete oder Süßkartoffel haben keine Chance, da die Öffnung zu klein ist. Die Klingen sind besonders scharf und können gefährlich für die Finger werden. Deshalb ist es sinnvoll, den Schneider mit einem Gemüsehalter zu erwerben. Dieser sorgt für einen sicheren Halt und ein effizientes Verwenden des Gemüses, sodass wenig Gemüsereste übrig bleiben. Bei großen Mengen Zucchini kann das Drehen auf Dauer etwas anstrengend werden. Da der Spiralschneider mit seiner zylindrischen Form klein und handlich ist, kann er platzsparend aufbewahrt werden. Ferner lässt er sich einfach und unkompliziert reinigen. Wer sich erst einmal durch die klassischen Gemüsesorten probieren möchte und eine sportliche Herausforderung nicht scheut, der kann sich guten Gewissens für diesen Spiralschneider entscheiden.

Spiralschneider mit Kurbel

Der etwas eckige Spiralschneider mit Kurbel benötigt aufgrund seiner Größe mehr Platz in der Küche. Dafür enthält er verschiedene Messereinsätze, mit denen dünne und dicke Spaghetti sowie breite Streifen hergestellt werden können. Ferner lassen sich die Messereinsätze sicher und platzsparend im Gerät aufbewahren. Die rutschfesten Füße sorgen für einen sicheren Stand. Die Reinigung ist etwas aufwendiger. Dafür lassen sich ruckzuck und mühelos fast alle Gemüse- und Obstsorten, deren Konsistenz es erlaubt, zu dekorativen langen Nudeln verarbeiten. Das Gemüse oder Obst wird zwischen Messereinsatz und Kurbel fixiert und lässt sich je nach Größe und Form anpassen. Mit leichtem Druck und wenigen Kurbeldrehungen zaubert der Spiralschneider sogleich lange Gemüsenudeln. Lediglich ein schmaler Strunk und eine dünne Gemüsescheibe bleiben übrig.

Mit diesem Spiralschneider lassen sich im Handumdrehen wunderschöne lange Obst- und Gemüsenudeln herstellen, für Liebhaber von Gemüsepasta ist er deshalb unverzichtbar.

Tipps für Obst- und Gemüsereste

Mit den Spiralschneidern bleiben zwar nur wenig Obst- und Gemüsereste übrig, aber wer diese nicht einfach wegwerfen möchte, der kann sie als Rohkost prima zwischendurch knabbern. Alternativ können Sie die Reste klein schneiden und in den Gerichten mitverarbeiten.

Was muss ich beim Verarbeiten beachten?

Nicht jedes Obst und Gemüse eignet sich zum Herstellen von Nudeln. Manche Sorten haben einfach nicht die richtige Struktur und es entsteht nur undefinierbares Gemüsemus.

Es folgt ein Überblick, worauf Sie bei der Auswahl von Obst und Gemüse achten sollten, um schöne und lange Nudeln herzustellen:

• **Festes Fruchtfleisch:** Sorten mit fester Struktur lassen sich besonders gut zu schönen Gemüse- oder Obstnudeln schneiden, wie zum Beispiel Zucchini, Möhren, Rote Bete, Rettich, Süßkartoffel oder Quitte. Sorten mit weicherem Fruchtfleisch wie Aubergine oder Kaki lassen sich mit etwas Fingerspitzengefühl ebenfalls zu Nudeln verarbeiten. Sorten mit weichem Fruchtfleisch wie Banane oder Kiwi eignet sich dagegen nicht.

• **Großer Durchmesser:** Dicke, möglichst gerade Früchte sind ideal für lange Gemüsenudeln. Bei Wurzelgemüse wie Pastinake oder Petersilienwurzel ist es wichtig, dass Sie das dünne Ende großzügig abschneiden. Wenn die Früchte im Durchmesser zu klein sind, können sie nicht richtig im Spiralschneider fixiert werden und auch der Sanduhr-Schneider hat damit seine Probleme.

• **Lange Exemplare:** Die Länge ist entscheidend dafür, dass das Gemüse anschließend zu langen Spaghetti geschnitten wird. Kurze Gemüsesorten verarbeitet der Spiralschneider nur zu kleinen Kringeln, der Gemüseschneider in Sanduhrform kann kurzes Gemüse gar nicht verarbeiten, beziehungsweise stellen dann die scharfen Messer eine Gefahr für die Finger dar.

• **Kerne, Kerngehäuse sowie Hohlräume:** Obst und Gemüse mit Kernen und Hohlräumen wie beispielsweise Papaya, Melone, Paprikaschote oder Hokkaido-Kürbis lassen sich nicht zu Spiralen verarbeiten. Äpfel oder Birnen dagegen sind geeignet, da das Kerngehäuse als Strunk übrig bleibt und die Kerne beim Drehen herausfallen.

- **Mittig fixieren:** Das Obst und Gemüse mittig am Messereinsatz fixieren, damit auch lange Spaghetti entstehen. Bei krummem Gemüse gegebenenfalls die Exemplare so halbieren, dass gerade Stücke entstehen. Anderenfalls wird das Gemüse nur in Streifen geschnitten. Das dickere Ende dabei immer an den Dornen der Kurbel anbringen.

- **Spiralen kürzen:** Die Endlos-Spiralen sehen toll aus, allerdings können überlange Gemüsenudeln das Essen unnötig komplizieren. Deshalb die Spaghetti am besten während des Schneidens auf eine passende Länge kürzen.

Welche Obst- und Gemüsesorten sind geeignet?

Es gibt eine Vielzahl an Obst und Gemüse, das sich zu Nudeln verarbeiten lässt. Einige Sorten benötigen etwas mehr Zeit an Vorbereitung, andere lassen sich schnell einspannen und sind im Handumdrehen „spiralisiert". Sobald Sie den Dreh raushaben, können Sie selbst mit verschiedenen Sorten experimentieren und Ihrer Kreativität freien Lauf lassen. Die nachfolgende Auflistung gibt einen Überblick, welche Sorten sich eignen und wie sie zu Gemüsenudeln verarbeitet werden:

Gemüsesorten

Aubergine: Aufgrund ihres weicheren Fruchtfleisches sollte die Aubergine nicht im Ganzen verarbeitet werden, da es sonst eher Krümel als Spaghetti gibt. Zuerst daher die Enden gerade abschneiden, dann die Frucht halbieren, damit sie stabil im Spiralschneider fixiert werden kann. Dann mit etwas Druck und auch Fingerspitzengefühl gleichmäßig kurbeln.

Das Einsalzen vor der Weiterverarbeitung entzieht das im Fruchtfleisch reichlich enthaltene Wasser. Anschließend die Auberginennudeln unter fließendem kalten Wasser abspülen, gut abtropfen lassen und mit einem Küchenpapier gründlich trocken tupfen.

Brokkoli: Bei den Gemüsenudeln ist der Stiel, der normalerweise ein Schattendasein spielt, der Star der Küche. Wichtig ist es deshalb, beim Einkauf auf einen dicken Stiel zu achten. Die Röschen knapp am Ende abschneiden, den Stiel schälen und die Enden abschneiden, dabei das obere Ende möglichst knapp. Mit dem unteren Ende vorne am Spiralschneider fixieren. Aufgrund des dünneren Durchmessers entstehen neben Nudeln auch einige Streifen.

Gurke: Die Salatgurke ist ruckzuck in Gemüsenudeln verwandelt; einfach schälen, die Enden abschneiden und halbieren – schon geht's los.

Kartoffel: Ideal sind große dicke sowie festkochende Kartoffeln. Die Nudeln eigenen sich hauptsächlich fürs Frittieren oder Ausbacken sowie zum Backen im Backofen, sonst brechen sie leicht.

Kohl wie **Rosenkohl**, **Rotkohl** oder **Weißkohl** kann mit dem Spiralschneider zwar aufgrund der Struktur nicht in Nudelform, dafür aber ruckzuck in feine Streifen geschnitten werden. Die äußeren Blätter entfernen, den Strunk daranlassen, damit die Blätter nicht auseinanderfallen und gleichmäßig mit leichtem Druck kurbeln.

Kohlrabi: Das knackige Fruchtfleisch ist prima für den Spiralschneider geeignet. Die Enden gerade abschneiden und den Kohlrabi schälen. Als Rohkost, gekocht oder gratiniert machen die Kohlrabinudeln immer eine gute Figur.

Kürbis: Unter der harten Schale des flaschenförmigen Butternusskürbisses steckt buttrig-feines Fruchtfleisch, das sich ideal zu Gemüsenudeln verarbeiten lässt. Das bauchige untere Drittel enthält das Kerngehäuse, das vor der Verwendung einfach abgeschnitten werden kann. Anschließend den restlichen Kürbis schälen, sowie das obere Ende ebenfalls gerade abschneiden und je nach Größe das Fruchtfleisch nochmals halbieren. Alternativ kann bei kleineren Exemplaren der Kürbis auch ganz bleiben. Dann den Kürbis schälen, nur das obere Ende abschneiden und bis zum Kerngehäuse Nudeln schneiden; so wird das Maximum an Fruchtfleisch ausgenutzt.

Möhre: Neben der Zucchini auch ein Klassiker bei den Gemüsenudeln, da sie schnell und unkompliziert verarbeitet werden kann. Dazu die Möhren einfach schälen und die Enden gerade abschneiden. Mit ihrem fein-süßlichen Geschmack und ihren unterschiedlichen Farben wie gelb, orange oder violett verfeinern Möhrennudeln pikante und süße Gerichte.

Pastinake: Das nussige Wurzelgemüse benötigt etwas mehr Vorbereitung. Zuerst schälen und dann das schmale Wurzelende so weit abschneiden, dass das Fruchtfleisch dick genug ist um lange Spaghetti zu schneiden.

Petersilienwurzel: Die aromatisch-würzige Wurzelpetersilie bereichert mit ihrem intensiven Geschmack diverse Gerichte. Deshalb lohnt es sich, nach großen dicken Exemplaren Ausschau zu halten. Die Verarbeitung erfolgt wie bei der Pastinake.

Radieschen: Die kleinen scharfen Radieschen sorgen mit hübschen Kringeln für mehr Pepp auf dem Teller. Die Verarbeitung ist einfach – die Enden abschneiden. Bevorzugen Sie große Radieschen.

Rettich: Ob rot, weiß oder schwarz, das Fruchtfleisch ist immer weiß und überzeugt mit seiner leichten Verarbeitung. Einfach schälen und die Enden gerade abschneiden.

Rote Bete: Die intensiv leuchtende Rübe ist ideal für den Spiralschneider: einfach schälen und die Enden abschneiden. Für die Verarbeitung am besten Küchenhandschuhe tragen, die die Knollen stark färben. Auch als gelbe oder rot-weiß gekringelte Bete ein Nudel-Highlight auf dem Teller.

Sellerie: Das würzige Knollengemüse ist ein perfekter Nudelersatz. Den Sellerie schälen und die Enden gerade abschneiden; vor allem das untere Ende großzügig entfernen, da es oft sehr verholzt ist.

Steckrübe: Die Steckrübennudeln haben einen angenehm süßlichen Geschmack. Zudem ist die gelbe Rübe auch einfach in der Handhabung; die Enden gerade abschneiden und schälen. Wählen Sie kleinere Exemplare, die großen sind meist sehr verholzt. Eine lohnenswerte Entdeckung sind auch Mairüben oder Teltower Rübchen.

Süßkartoffel: Die orangefarbenen Knollen haben ein süßliches Aroma und bereichern als Gemüsenudeln viele Gerichte. Die Süßkartoffel schälen, die Enden gerade abschneiden und schon ist sie einsatzbereit.

Zucchini: Zoodles sind vielseitig verwendbar und können roh, gekocht oder als süße Variante gegessen werden. Allerdings benötigen Zucchininudeln etwas mehr Vorbereitung. Die Enden abschneiden und das Gemüse zu Nudeln schneiden. Anschließend salzen und Wasser ziehen lassen. Danach mit fließendem Wasser abspülen, gut abtropfen lassen und mit Küchenpapier gründlich trocken tupfen.

Alternativ: Wer Zeit hat, kann die Zucchininudeln für ca. 20 Minuten bei 95 °C im Backofen „schwitzen" lassen, um den Nudeln die Feuchtigkeit zu entziehen. Anschließend mit einem Küchenpapier trocken tupfen.

Zwiebel: Große Zwiebeln können mit dem Spiralschneider ruckzuck in feine Streifen geschnitten werden.

Obstsorten

Apfel: Zur Verfeinerung von herzhaften Gerichten, aber auch für süße Speisen sind Äpfel perfekt für den Spiralschneider geeignet. Einfach den Stiel entfernen, gegebenenfalls die Enden gerade abschneiden und kurbeln. Alternativ mit einem Kerngehäuseausstecher vorher das Kerngehäuse entfernen.

Birne: Die Birne lässt sich ebenfalls einfach zu Obstnudeln verarbeiten. Wählen Sie Früchte mit festem, nicht zu saftigem Fruchtfleisch. Das schmale Ende gerade abschneiden und vorne im Spiralschneider fixieren.

Kaki: Die süßen, leuchtenden Fruchtnudeln peppen jede Nachspeise auf. Wählen Sie große Exemplare sowie die festfleischige Sorte „Sharonfrucht"; sie besitzt zudem eine dünnere Schale.

Nashi: Das milde knackige Fruchtfleisch der Nashi-Birne ist eine lohnenswerte Entdeckung und lässt sich wie ein Apfel prima zu Obstnudeln verarbeiten.

Quitte: Das feste Fruchtfleisch der Quitte braucht etwas mehr Druck bei der Herstellung von Nudeln. Gegebenenfalls die Früchte halbieren, falls sie in der Mitte zu holzig sind und das holzige Ende hinten fixieren. Ferner können die Nudeln nur gegart verwendet werden. Der herb-süßliche Geschmack der Obstnudeln schmeckt prima in und zu Nachspeisen.

Vorspeisen & Snacks

Salate, Suppen & Co. sahen noch nie so gut aus! Dass alle Gerichte dabei auch noch umwerfend schmecken, nehmen wir dann auch noch gerne in Kauf!

Asiatisch, europäisch, nordafrikanisch – entdecken Sie Crossover-Küche von ihrer schönsten Seite!

Kopfsalat-Wrap

mit Gemüsenudeln und Erdnuss-Dip

8 Wraps • Schwierigkeitsgrad: leicht • pro Portion ca. 145 kcal/608 kJ, 7 g E, 10 g F, 6 g KH

ZUTATEN

Für den Erdnuss-Dip

120 g Erdnussmus
Saft von 1 Limette
abgeriebene Schale von
 ½ unbehandelten Limette
1 El Agavendicksaft
Salz
½ Tl getrocknete Chiliflocken

Für die Wraps

8 Blätter Kopfsalat
1 Gurke
1 weißer Rettich
1 Bund Radieschen
50 g Erdnüsse

Zubereitungszeit:
ca. 25 Minuten

Für den Erdnuss-Dip alle Zutaten mit 60 ml Wasser verquirlen, bis alles eine sämige Konsistenz hat.

Die Kopfsalatblätter waschen und trocken schütteln. Die Gurke und den Rettich schälen, die Enden abschneiden und das Gemüse halbieren. Die Radieschen waschen und putzen.

Gurke, Radieschen und Rettich mit dem Spiralschneider in dünne Spaghetti schneiden, Gurke- und Rettichspaghetti zwischendurch kürzen. Alles auf den Kopfsalatblättern verteilen. Die Erdnüsse darauf verteilen und je mit 1 Esslöffel Erdnuss-Dip beträufeln.

Die Seiten vom Kopfsalat einschlagen und vom Strunk aus alles zu einem Wrap aufrollen. Mit einem Zahnstocher fixieren und die Wraps mit dem restlichen Erdnuss-Dip servieren.

Zusätzlich zum Erdnuss-Dip schmeckt zu den Wraps auch die Koriandersauce von S. 21 sehr gut.

Nach Belieben können auch 1-2 Esslöffel frisch gehackte Minze untergehoben werden.

Rotkohl-Granatapfel-Salat
mit Kohlrabispaghetti und Cashewkernen

4 Portionen • Schwierigkeitsgrad: leicht • pro Portion ca. 286 kcal/1194 kJ, 10 g E, 13 g F, 30 g KH

ZUTATEN

Für den Salat
1 Rotkohl (ca. 1 kg)
½ Tl Salz
1 Tl Zucker
2 Knollen Kohlrabi
1 Granatapfel
60 g Cashewkerne

Für das Dressing
Saft von 2 Orangen (ca. 200 ml)
4 El Himbeeressig
2 El Maiskeimöl
1 Tl Ras el Hanout

Zubereitungszeit:
ca. 35 Minuten

Vom Rotkohl die äußeren Blätter entfernen. Den Kohl vierteln, dabei den Strunk entfernen und die Blätter in sehr feine Streifen schneiden. Alternativ das Strunkende gerade abschneiden und den Rotkohl mit dem Spiralschneider in feine Streifen schneiden. Dafür den Kohl gut im Spiralschneider fixieren und mit Fingerspitzengefühl drehen. Das Kraut mit Salz und Zucker vermischen, gut durchkneten und bis zur weiteren Verwendung ziehen lassen.

Den Kohlrabi schälen, die Enden abschneiden und mit dem Spiralschneider in dünne Spaghetti schneiden. Die Nudeln zwischendurch kürzen. Den Granatapfel vierteln und die Kerne herauslösen. Die Cashewkerne grob hacken.

Für das Dressing alle Zutaten verquirlen und mit dem Rotkohl vermischen. Die Kohlrabispaghetti vorsichtig unter das Rotkraut mischen, sonst färben sie sich rosa. Die Granatapfel- und die Cashewkerne darüberstreuen.

Tragen Sie für die Verarbeitung von Rotkohl und Granatapfel Küchenhandschuhe, um Verfärbungen zu vermeiden.

Rote Spaghetti
mit Orangenfilets und Quinoatalern

pro Portion ca. 400 kcal/1675 kJ, 12 g E, 27 g F, 27 g KH

4 Portionen • Schwierigkeitsgrad: mittel •

ZUTATEN

Für den Salat

4 Blätter Grünkohl
2 Orangen
2 Rote Beten

Für das Dressing

5 El Olivenöl
3 El Weißweinessig
2 Tl Dijonsenf
2 El Preiselbeermarmelade
100 ml frisch gepresster
 Orangensaft
Salz
Pfeffer

Für ca. 8 Quinoataler

2 Eier
Salz
50 g geriebener Parmesan
40 g Quinoa-Pops
Pfeffer
2 El gehackte Petersilie
3 El Butter

Zubereitungszeit:
ca. 45 Minuten

Von den Kohlblättern den Strunk abschneiden. Die Blätter gründlich abspülen, trocken schütteln und in Stücke zupfen oder in Streifen schneiden. Die Orangen schälen und filetieren. Die Rote Beten schälen (Küchenhandschuhe tragen!), die Enden abschneiden und mit dem Spiralschneider in dünne Spaghetti schneiden, zwischendurch die Nudeln kürzen.

Für das Dressing Öl, Essig, Senf, Marmelade und Orangensaft miteinander verquirlen, mit Salz und Pfeffer abschmecken.

Für die Quinoataler die Eier trennen. Das Eiweiß mit 1 Prise Salz steif schlagen. Das Eigelb mit dem Parmesan und den Quinoa-Pops verrühren. Mit Salz und Pfeffer würzen. Den Eischnee und die Petersilie unterheben und alles gut vermischen. In einer Pfanne die Butter erhitzen und mit einem Teelöffel kleine Taler in die Pfanne setzen. Von beiden Seiten 4–5 Minuten goldbraun anbraten.

Den Grünkohl auf Tellern anrichten, die Orangenfilets und die Rote-Bete-Nudeln daraufgeben und mit dem Dressing beträufeln. Die Quinoataler darauf verteilen und sofort servieren.

Quinoa-Pops sind leicht selbst gemacht: Quinoa gründlich spülen und im heißen Backofen trocknen. Anschließend etwas Pflanzenöl in einem Topf erhitzen, trockene Quinoa-Körner hineingeben, den Deckel auflegen und so lange warten, bis kein Ploppen mehr zu hören ist.

Vietnamesische Sommerrollen

mit Gemüsespaghetti

8 Stück • Schwierigkeitsgrad: mittel • pro Portion ca. 37 kcal/155 kJ, 1 g E, 0 g F, 8 g KH

ZUTATEN

Für die Rollen:

3 Möhren (z. B. gelbe, orangefarbene oder violette)
½ Gurke
1 gelbe Paprikaschote
8 Stängel Koriander
8 Blätter Reispapier (Ø 22 cm)

Für die Sauce:

3 Stängel Koriander
1 Knoblauchzehe
1 Chilischote
4 El helle Sojasauce
1 Tl Zucker
1 El Reisessig
Pfeffer

Zubereitungszeit:

ca. 45 Minuten

Die Möhren und die Gurke schälen, die Enden abschneiden und mit dem Spiralschneider in dünne Spaghetti schneiden. Zwischendurch die Nudeln kürzen. Die Paprikaschote waschen, putzen und dünne Stifte schneiden. Den Koriander waschen, trocken schütteln und die Blätter abzupfen.

Eine flache Schale, etwas größer als die Reispapierblätter, mit Wasser füllen. Daneben ein Küchentuch ausbreiten. Die Reispapierblätter einzeln in das Wasser tauchen und ca. 1 Minute einweichen. Dann vorsichtig auf dem Tuch ausbreiten und mittig mit etwas Gemüsenudeln, Paprika und Koriander belegen. Das Reispapier seitlich einschlagen und längs aufrollen.

Für die Sauce den Koriander waschen, trocken schütteln und fein hacken. Die Knoblauchzehe schälen und fein hacken. Die Chilischote längs aufschneiden, putzen, waschen und klein hacken. Alles mit Sojasauce, Zucker, Essig und etwas Pfeffer verrühren. Die Sommerrollen mit der Sauce servieren.

Falls Sie keinen Koriander mögen, können Sie die Röllchen und die Sauce auch mit Thai-Basilikum zubereiten. Schmeckt ebenfalls lecker.

Cremige Suppe

mit Kohlrabispaghetti und Räucherforelle

pro Portion ca. 401 kcal/1678 kJ, 18 g E, 25 g F, 14 g KH

4 Portionen • Schwierigkeitsgrad: leicht • pro Portion ca. 401 kcal/1678 kJ, 18 g E, 25 g F, 14 g KH

ZUTATEN

2 große Knollen Kohlrabi
  (à ca. 500 g)
1 Zwiebel
2 El Butter
250 ml Weißwein
800 ml Gemüsebrühe
200 ml Sahne
2 El frisch gehackter Dill
Saft von ½ Zitrone
Salz
Pfeffer
200 g geräucherte
  Forellenfilets

Zubereitungszeit:
ca. 25 Minuten

Den Kohlrabi schälen, die Enden abschneiden und mit dem Spiralschneider in dünne Spaghetti schneiden, zwischendurch die Nudeln kürzen. Die Zwiebel schälen und fein würfeln.

In einem großen Topf die Butter erhitzen. Die Zwiebel 2–3 Minuten anschwitzen. Mit Weißwein und Gemüsebrühe aufgießen und alles aufkochen lassen. Die Kohlrabinudeln hinzugeben und alles ca. 2 Minuten köcheln, bis die Kohlrabinudeln weich, aber noch bissfest sind.

Die Sahne dazugeben, die Suppe einmal aufkochen und mit Dill, Zitronensaft, Salz und Pfeffer abschmecken. Die Suppe in tiefe Teller verteilen und mit Räucherforelle servieren.

Wenn die Kohlrabiknollen noch schönes Grün haben, können die Blätter natürlich auch mitverwendet werden. Einfach waschen, in Streifen schneiden und mit den Kohlrabispaghetti in den Topf geben.

Sie können auch sehr gut geräucherten Lachs in die Suppe geben oder die Suppe mit knusprig gerösteten Croûtons bestreuen.

Kokossuppe

mit Möhrenspaghetti und Garnelen

4 Portionen • Schwierigkeitsgrad: mittel • pro Portion ca. 220 kcal/917 kJ, 11 g E, 13 g F, 14 g KH

ZUTATEN

1 Bund Petersilie

1 Zwiebel

600 g Möhren

4 El Olivenöl

1 Tl gemahlener Koriander

1 Tl Kurkuma

400 ml Gemüsebrühe

400 ml Kokosnussmilch

Salz

Pfeffer

200 g rohe Garnelen
  (küchenfertig vorbereitet)

1 Tl Currypulver

½ Tl Cayennepfeffer

Zubereitungszeit:
ca. 35 Minuten

Die Petersilie waschen, trocken schütteln, die Blätter abzupfen und fein hacken. Die Zwiebel schälen und fein hacken. Die Möhren schälen, die Enden abschneiden und mit dem Spiralschneider in dünne Spaghetti schneiden, zwischendurch die Nudeln kürzen.

In einem Topf 2 Esslöffel Olivenöl erhitzen und die Zwiebel anschwitzen. Die Möhrenspaghetti, Koriander und Kurkuma zugeben und kurz mitbraten. Mit Gemüsebrühe und Kokosnussmilch aufgießen, aufkochen und 2–3 Minuten köcheln lassen. Mit Salz und Pfeffer abschmecken.

In einer Pfanne das restliche Olivenöl erhitzen. Die Garnelen, das Currypulver und den Cayennepfeffer zugeben und 2–3 Minuten braten.

Die Suppe in tiefen Tellern anrichten. Die Garnelen darauf verteilen und mit Petersilie bestreuen. Sofort servieren.

Die Suppe schmeckt auch vegan. Dafür einfach die Garnelen durch Tofu ersetzen.

ZUTATEN

2 Knollen schwarzer Rettich
50 g Shiitakepilze
1 kleiner Bund Frühlingszwiebeln
100 g weicher Tofu
1 El Wakame Algen (instant)
3 El gelbe Misopaste

Zubereitungszeit:
ca. 25 Minuten

Misosuppe

mit schwarzen Rettichnudeln und Tofu

4 Portionen • Schwierigkeitsgrad: leicht • pro Portion ca. 79 kcal/329 kJ, 6 g E, 2 g F, 9 g KH

Die Rettichknollen schälen, die Enden abschneiden und mit dem Spiralschneider in dünne Spaghetti schneiden, zwischendurch kürzen. Von den Shiitakepilzen die Stiele entfernen und die Kappen in dünne Scheiben schneiden. Die Frühlingszwiebeln putzen, waschen und in dünne Ringe schneiden. Den Tofu grob würfeln.

In einem großen Topf 1 Liter Wasser aufkochen, die Pilze zugeben und 2 Minuten kochen. Wakame und Tofu dazugeben und den Topf vom Herd nehmen.

Die Misopaste mit etwas Suppe glatt rühren und anschließend in die Suppe rühren. Die Rettichnudeln und die Frühlingszwiebeln dazugeben. In tiefe Tellern verteilen und sofort servieren.

Griechischer Salat

mit Gemüsenudeln und Schafskäse

4 Portionen • Schwierigkeitsgrad: leicht • pro Portion ca. 264 kcal/1106 kJ, 10 g E, 20 g F, 9 g KH

Den Schafskäse klein würfeln. Die Tomaten waschen, trocknen, putzen und vierteln. Die Minze waschen, trocken schütteln, die Blätter fein hacken. Zwiebeln und Gurken schälen, die Enden abschneiden. Die Radieschen waschen und putzen. Zwiebel und Radieschen mit dem Spiralschneider in dünne Gabelspaghetti schneiden. Die Gurke in breite Bandnudeln schneiden, zwischendurch die Gurkennudeln kürzen.

Für das Dressing alle Zutaten mit 4 Esslöffeln Wasser verquirlen. Mit Salz und Pfeffer würzen.

Die Gurkennudeln auf Teller anrichten, den Schafskäse und die Tomaten darauf verteilen und mit den Radieschennudeln und den Zwiebelstreifen belegen. Die Minze darüberstreuen, mit dem Dressing beträufeln und servieren.

ZUTATEN
Für den Salat
200 g Schafskäse
100 g Kirschtomaten
4 Stängel Minze
2 rote Zwiebeln
2 Gurken
1 Bund Radieschen

Für das Dressing
3 El Olivenöl
2 El Aceto balsamico
1 El Dijonsenf
1 El Honig
Salz, Pfeffer

Zubereitungszeit:
ca. 25 Minuten

Spaghettisalat

aus Apfel und Roter Bete mit Ziegenkäse

4 Portionen • Schwierigkeitsgrad: leicht • pro Portion ca. 370 kcal/1551 kJ, 8 g E, 28 g F, 21 g KH

ZUTATEN

Für den Salat

2 kleine Äpfel
2 Rote Beten
Saft von ½ Zitrone
60 g Walnüsse
150 g Ziegenkäserolle
200 g Feldsalat

Für die Vinaigrette

5 El Olivenöl
3 El Weißweinessig
2 Tl Dijonsenf
1–2 El Ahornsirup
Salz
Pfeffer

Zubereitungszeit:
ca. 25 Minuten

Die Äpfel und Rote Beten schälen und die Enden abschneiden. Zuerst die Äpfel und dann die Rote Beten mit dem Spiralschneider in dünne Spaghetti schneiden. Die Nudeln zwischendurch kürzen. Die Apfelnudeln mit Zitronensaft beträufeln.

Die Walnüsse grob zerkleinern. Den Ziegenkäse in Scheiben schneiden. Den Feldsalat verlesen, putzen und gründlich waschen. Danach trocken schleudern und auf Tellern anrichten. Die Apfel- und Rote-Bete-Nudeln daraufgeben, den Ziegenkäse darüberlegen und mit den Walnüssen bestreuen.

Für das Dressing alle Zutaten verquirlen, über den Salat träufeln und sofort servieren.

Auch lecker: Heizen Sie den Backofengrill vor und legen Sie die Ziegenkäsescheiben auf ein mit Backpapier ausgelegtes Backblech. Ca. 5 Minuten grillen und mit etwas Honig beträufeln. Dann auf dem Salat arrangieren.

Einfach mal ausprobieren: Statt der gehackten Walnüsse schmecken auch goldgelb geröstete Pinienkerne!

Marinierte Kürbisspaghetti

mit Ricotta und Kürbiskernen

4 Portionen • Schwierigkeitsgrad: mittel • pro Portion ca. 397 kcal/1662 kJ, 12 g E, 34 g F, 12 g KH

ZUTATEN

Für die Spaghetti
60 g Kürbiskerne
10 Salbeiblätter
1 Butternusskürbis (ca. 600 g)
Salz
250 g Ricotta

Für die Marinade
4 El Olivenöl
3 El Apfelessig
1 Tl Dijonsenf
1 El Honig
Salz
Pfeffer

Außerdem:
3–4 El Kürbiskernöl zum
   Servieren

Zubereitungszeit:
ca. 35 Minuten

Die Kürbiskerne in einer beschichteten Pfanne ohne Fett rösten, dann beiseitestellen. Den Salbei waschen und grob hacken. Den Butternusskürbis halbieren und schälen. Das obere Ende abschneiden. Mit dem Spiralschneider in dünne Spaghetti schneiden, zwischendurch die Nudeln kürzen. Die Kürbisspaghetti ca. 1 Minute in Salzwasser blanchieren, abseihen, abschrecken und abtropfen lassen.

Für die Marinade Öl, Essig, Senf und Honig verquirlen. Mit Salz und Pfeffer würzen.

Die Kürbisspaghetti mit der Marinade vermischen und auf Tellern anrichten. Den Ricotta in Klecksen darüber verteilen. Mit Kürbiskernen und Salbei bestreuen, das Kürbiskernöl darüberträufeln und servieren.

Lecker schmecken auch gehackte und angeröstete Walnüsse, die vor dem Servieren über die Kürbisspaghetti gestreut werden.

Kein Ricotta im Haus? Nehmen Sie einfach mal cremigen Ziegenfrischkäse und setzen Sie kleine Nocken auf den Salat.

Bunter Cole-Slaw

mit Tahin-Dressing

4 Portionen • Schwierigkeitsgrad: leicht • pro Portion ca. 110 kcal/458 kJ, 4 g E, 3 g F, 14 g KH

ZUTATEN
Für den Salat
½ Weißkohl
½ Rotkohl
1 rote Paprikaschote
1 gelbe Paprikaschote
1 Bund Frühlingszwiebeln
2 mittelgroße Möhren
2 El schwarzer Sesam

Für das Dressing
1 kleine Knoblauchzehe
Saft von 1 Zitrone
60 g Tahin (Sesammus)
1–2 El Ahornsirup
Salz
Pfeffer

Zubereitungszeit:
ca. 25 Minuten

Vom Weißkohl und Rotkohl die äußeren Blätter entfernen, den Kohl halbieren und dabei den Strunk entfernen. Alles in feine Streifen schneiden. Die Paprikaschoten putzen, waschen und trocken tupfen. In dünne Streifen schneiden. Die Frühlingszwiebeln putzen, waschen und schräg in Ringe schneiden. Die Möhren schälen, die Enden abschneiden und mit dem Spiralschneider in dünne Spaghetti schneiden, zwischendurch kürzen.

Für das Dressing die Knoblauchzehe schälen und fein hacken. Mit den restlichen Zutaten sowie 50 ml Wasser verrühren, bis die Masse eine sämige Konsistenz hat.

Das Gemüse in einer großen Schüssel mit dem Tahin-Dressing vermischen. Den schwarzen Sesam darüberstreuen und sofort servieren.

Weißkohl und Rotkohl können auch mit dem Spiralschneider in dünne Streifen geschnitten werden. Dazu den Kohl horizontal halbieren und die untere Hälfte im Spiralschneider verwenden.

Räucherlachssalat

mit bunten Gemüsenudeln und Limettendressing

pro Portion ca. 208 kcal/870 kJ, 13 g E, 12 g F, 11 g KH

4 Portionen • Schwierigkeitsgrad: leicht • pro Portion ca. 208 kcal/870 kJ, 13 g E, 12 g F, 11 g KH

ZUTATEN

Für den Salat

150 g Baby-Blattspinat
200 g Räucherlachs
1 kleiner Bund Radieschen
1 Rote Bete
½ Gurke

Für das Limetten-dressing

2 El Olivenöl
2 El Apfelessig
1 El Honig
150 g saure Sahne
1 Tl Dijonsenf
Saft von 1 Limette
abgeriebene Schale von
  1 unbehandelten Limette
2 El fein gehackter Dill
Salz
Pfeffer

Zubereitungszeit:
ca. 25 Minuten

Den Blattspinat verlesen, waschen und trocken schütteln. Den Räucherlachs in Streifen schneiden. Die Radieschen waschen und putzen. Die Rote Bete (Küchenhandschuhe tragen!) und die Gurke schälen, die Enden abschneiden. Zuerst Radieschen und Gurke, dann die Rote Bete mit dem Spiralschneider in dünne Spaghetti schneiden, Gurken- und Betenudeln zwischendurch kürzen.

Für das Dressing alle Zutaten verquirlen, mit Salz und Pfeffer abschmecken. Den Blattspinat auf Tellern anrichten, die Gemüsenudeln darauf verteilen und die Lachsstreifen darüberlegen. Mit dem Dressing beträufeln und sofort servieren.

Bereiten Sie den Salat auch einmal mit Rucola statt Blattspinat zu. Die bitteren Geschmacksnoten schmecken mit dem Honig-Dressing sehr reizvoll.

Zoodles-Salat

mit Roquefort und Walnüssen

pro Portion ca. 219 kcal/917 kJ, 8 g E, 18 g F, 6 g KH

4 Portionen • Schwierigkeitsgrad: leicht • pro Portion ca. 219 kcal/917 kJ, 8 g E, 18 g F, 6 g KH

ZUTATEN

2 große Zucchini (ca. 500 g)
Salz
50 g in Öl eingelegte,
  getrocknete Tomaten
50 g Walnüsse
50 g Roquefort
1 Knoblauchzehe
150 g Schafsjoghurt
Saft von ½ Zitrone
Pfeffer

Zubereitungszeit:
ca. 25 Minuten

Die Zucchini waschen, die Enden abschneiden und mit dem Spiralschneider in dünne Spaghetti schneiden, zwischendurch die Nudeln kürzen. Die Zucchininudeln salzen und beiseitestellen.

Die getrockneten Tomaten auf Küchenpapier abtropfen lassen und anschließend in dünne Streifen schneiden. Die Walnüsse grob hacken. Den Roquefort klein würfeln. Den Knoblauch schälen und fein hacken und mit dem Schafsjoghurt und dem Zitronensaft verrühren. Den Roquefort und die getrockneten Tomaten unterrühren. Mit Salz und Pfeffer abschmecken.

Die Zucchininudeln mit kaltem Wasser abspülen und abtropfen lassen. Mit der Roquefort-Sauce auf Tellern anrichten. Mit den Walnüssen bestreuen und sofort servieren.

Statt des schärferen französischen Roqueforts aus Schafsmilch können Sie auch den milderen italienischen Gorgonzola oder den nussigen englischen Stilton verwenden.

Gelbe Möhrennester

mit bunten Tomaten und Mozzarella

12 Stück • Schwierigkeitsgrad: leicht • pro Portion ca. 109 kcal/455 kJ, 6 g E, 8 g F, 4 g KH

ZUTATEN
1 Bund Schnittlauch
500 g gelbe Möhren
150 g kleine bunte Tomaten
1 Kugel Mozzarella
3 Eier
100 ml Sahne
50 g geriebener Parmesan
Salz
Pfeffer

Außerdem
Butter zum Ausfetten

Zubereitungszeit:
ca. 25 Minuten
(plus Backzeit)

Den Backofen auf 180 °C vorheizen. Die Mulden eines Muffinblechs oder 12 kleine Muffinförmchen mit Butter ausfetten.

Den Schnittlauch waschen, trocken schütteln und in Röllchen schneiden. Die Möhren schälen, die Enden abschneiden, halbieren und mit dem Spiralschneider in dünne Spaghetti schneiden. Die Nudeln zwischendurch kürzen. Die Tomaten waschen, trocknen, putzen und vierteln. Den Mozzarella klein zupfen.

Die Eier mit der Sahne, dem Parmesan und der Hälfte der Schnittlauchröllchen verquirlen. Mit Salz und Pfeffer würzen.

Die Möhrennudeln zu Nestern formen und in die Muffinförmchen legen. Die Tomaten darauf verteilen. Die Eiermischung darübergießen und alles mit Mozzarella belegen. Im Backofen auf der mittleren Schiene 20–25 Minuten goldbraun backen. Zum Servieren mit den restlichen Schnittlauchröllchen bestreuen.

Statt des Mozzarellas können Sie auch zerbröckelten Schafskäse verwenden. Und natürlich schmecken die Nester auch mit orangefarbenen Möhren.

Statt der 12 kleinen Nester können Sie auch 1 größeres backen. Dafür eignet sich entweder eine große, runde Auflaufform oder eine dicht schließende Springform.

Süßkartoffel-Fries

mit Ziegenfrischkäse-Dip

4 Portionen • Schwierigkeitsgrad: leicht • pro Portion ca. 744 kcal/3120 kJ, 13 g E, 48 g F, 65 g KH

ZUTATEN

Für den Dip
1 Bund gemischte Kräuter,
  z. B. Petersilie, Schnittlauch,
  Basilikum, Minze
250 g Ziegenfrischkäse
50 g Joghurt
½ Tl gemahlener
  Kreuzkümmel
½ Tl Paprikapulver
½ Tl Cayennepfeffer
2 El Olivenöl
Saft von 1 Zitrone
Salz
Pfeffer

Für die Fries
3 große Süßkartoffeln
  (ca. 1 kg)
1 l neutrales Pflanzenöl
  zum Frittieren
Salz

Zubereitungszeit:
ca. 45 Minuten

Für den Dip die Kräuter waschen, trocken schütteln und fein hacken. Mit dem Ziegenfrischkäse, Joghurt, Gewürzen, Öl und Zitronensaft verrühren. Mit Salz und Pfeffer abschmecken.

Für die Fries die Süßkartoffeln schälen, die Enden abschneiden und mit dem Spiralschneider in dünne Spaghetti schneiden. Zwischendurch die Nudeln kürzen.

Das Pflanzenöl in einem großen Topf oder einer Fritteuse auf ca. 165 °C erhitzen. Die Süßkartoffelnudeln portionsweise ins heiße Fett geben und ca. 2 Minuten vorfrittieren. Herausnehmen und die Temperatur auf 180 °C erhöhen.

Die Süßkartoffel-Fries nochmals portionsweise in ca. 1 Minute fertig frittieren. Auf Küchenpapier abtropfen lassen und mit Salz bestreuen. Sofort mit dem Dip servieren.

Das erste Frittieren der Süßkartoffel-Fries kann schon längere Zeit vor dem Servieren erledigt werden. Anschließend nur noch einmal knusprig ausbacken.

Hauptgerichte

Ob vegan, vegetarisch oder mit Fleisch oder Fisch: Diese Hauptgerichte zeigen, wie lecker, gesund und abwechslungsreich Kochen mit Gemüsenudeln sein kann. Viel Spaß!

Gebraten, gekocht, frittiert, roh oder aus dem Ofen – das ist Gemüseküche at its best!

Asia-Gemüsepasta

mit Tofu und Erdnüssen

4 Portionen • Schwierigkeitsgrad: mittel • pro Portion ca. 400 kcal/1678 kJ, 24 g E, 26 g F, 18 g KH

ZUTATEN

400 g Tofu
2 cm Ingwer
2 Knoblauchzehen
4 El helle Sojasauce
6 El Sesamöl
Salz
2 große Möhren (ca. 250 g)
2 große Petersilienwurzeln
  (ca. 250 g)
1 große Zucchini (ca. 250 g)
100 g Zuckerschoten
30 g Erdnüsse
½ Chilischote
8 Stängel Koriandergrün
2 El helle Sojasauce
Saft von 1 Limette

Zubereitungszeit:

ca. 35 Minuten
(plus Zeit zum Ziehen)

Den Tofu in dünne Scheiben schneiden. Ingwer und Knoblauch schälen, fein hacken und mit Sojasauce, 2 Esslöffeln Sesamöl und 1 Prise Salz verrühren. Den Tofu zugedeckt in der Marinade ca. 30 Minuten ziehen lassen.

Die Möhren und Petersilienwurzeln schälen. Die Zucchini waschen. Jeweils die Enden abschneiden und mit dem Spiralschneider in dünne Spaghetti schneiden, zwischendurch die Nudeln kürzen. Die Zucchininudeln salzen.

Die Zuckerschoten putzen, kurz in Salzwasser blanchieren, abseihen, abschrecken und abtropfen lassen. Die Erdnüsse in einer Pfanne ohne Fett rösten und klein hacken. Die Chilischote waschen, putzen und in feine Ringe schneiden. Den Koriander waschen, trocken schütteln, die Blätter abzupfen und fein hacken. Die Zucchininudeln abspülen, abtropfen lassen und trocken tupfen.

In einer Pfanne 2 Esslöffel Sesamöl erhitzen, Möhren- und Petersilienwurzelnudeln zugeben und unter Rühren 2–3 Minuten anbraten. Zucchininudeln, Zuckerschoten und Chili dazugeben und ca. 1 Minute unter Rühren braten. Mit Koriandergrün, Sojasauce und Limettensaft abschmecken.

Den Tofu aus der Marinade nehmen. Das restliche Sesamöl in einer Pfanne erhitzen und den Tofu auf beiden Seiten kurz anbraten. Den Tofu auf Tellern anrichten, die Gemüsenudeln darauf verteilen und mit Erdnüssen bestreuen. Sofort servieren.

Nach Belieben noch weitere Sojasauce zu dem Gericht reichen!

Steckrübenspaghetti

mit cremigen Berglinsen und Maronen

4 Portionen • Schwierigkeitsgrad: mittel • pro Portion ca. 360 kcal/1506 kJ, 17 g E, 8 g F, 53 g KH

ZUTATEN

200 g Berglinsen

2 Steckrüben (à ca. 800 g)

1 Zwiebel

1 Knoblauchzehe

100 g Maronen (gegart und
vakuumverpackt)

1 Bund Petersilie

2 El Rapsöl

250 ml Gemüsebrühe

Salz

Pfeffer

2 El Balsamicocreme

1 El Honig

Zubereitungszeit:
ca. 40 Minuten

Die Berglinsen in 400 ml Wasser ca. 20 Minuten bissfest garen. Inzwischen die Steckrüben schälen, die Enden abschneiden und mit dem Spiralschneider in dünne Spaghetti schneiden, zwischendurch die Nudeln kürzen.

Die Zwiebel und die Knoblauchzehe schälen und fein hacken. Die Maronen klein würfeln. Die Petersilie waschen, trocken schütteln, die Blätter abzupfen und fein hacken.

In einem großen Topf das Öl erhitzen und die Zwiebel mit dem Knoblauch anschwitzen. Die Berglinsen, die Maronen und die Steckrübennudeln zugeben. Mit der Gemüsebrühe aufgießen, aufkochen und 4–5 Minuten köcheln. Mit Salz und Pfeffer würzen. Mit Balsamicocreme und Honig abschmecken. Auf Tellern anrichten, mit Petersilie bestreuen und sofort servieren.

Die rotbraunen Berglinsen sind etwas kleiner, fester und aromatischer als Tellerlinsen. Wie alle Linsen sollten sie nicht sprudelnd gekocht werden, da sie sonst aufplatzen.

Beim Fisch können Sie variieren. Probieren Sie das Gericht zum Beispiel auch einmal mit Thunfisch oder Seeteufel.

Lachsfilet auf Kürbiscreme

mit Zucchinispaghetti

4 Portionen • Schwierigkeitsgrad: mittel • pro Portion ca. 458 kcal/1915 kJ, 35 g E, 29 g F, 9 g KH

ZUTATEN
4 große Zucchini (800 g)
Salz
4 Lachsfilets (à 150 g)
Pfeffer
2 El Olivenöl

Für die Kürbiscreme
1 Zwiebel
250 g Hokkaido-Kürbis
2 El Olivenöl
Salz
Pfeffer
1/8 l Weißwein
250 ml Gemüsebrühe
Saft von ½ Zitrone
2 El frisch gehacktes
  Koriandergrün

Zubereitungszeit:
ca. 35 Minuten

Die Zucchini waschen, die Enden abschneiden und mit dem Spiralschneider in dünne Spaghetti schneiden, zwischendurch die Nudeln kürzen. Die Zucchinispaghetti salzen und beiseitestellen. Die Lachsfilets kalt abspülen und trocken tupfen.

Für die Kürbiscreme die Zwiebel schälen und fein würfeln. Den Kürbis schälen, entkernen und ebenfalls klein würfeln. In einem Topf das Olivenöl erhitzen, die Zwiebel und den Kürbis anschwitzen. Mit Salz und Pfeffer würzen. Mit Weißwein ablöschen und die Gemüsebrühe aufgießen. Bei kleiner Hitze 12–14 Minuten köcheln lassen, bis der Kürbis weich ist. Mit einem Pürierstab pürieren und nach Belieben durch ein Sieb streichen. Mit Zitronensaft und Koriander abschmecken.

Inzwischen die Fischfilets mit Salz und Pfeffer würzen. In einer Pfanne das Olivenöl erhitzen und die Filets von beiden Seiten 2–3 Minuten braten, der Fisch sollte innen noch glasig sein.

Die Zucchinispaghetti unter fließendem kalten Wasser abspülen und abtropfen lassen. In reichlich kochendem Salzwasser ca. 1 Minute blanchieren, abseihen und abtropfen lassen.

Die Kürbiscreme auf Tellern verteilen, die Zucchinispaghetti darüber anrichten und die Lachsfilets darauflegen. Sofort servieren.

Spaghetti-Puffer

aus Pastinake und Kürbis mit scharfem Minze-Dip

pro Portion ca. 417 kcal/1748 kJ, 13 g E, 27 g F, 31 g KH

4 Portionen • Schwierigkeitsgrad: mittel •

ZUTATEN

Für den Minze-Dip

6 Stängel Minze

½ Bund Petersilie

250 g Joghurt

100 g saure Sahne

1–2 El Harissapaste

Salz

½ Tl gem. Kreuzkümmel

Für die Puffer

4 Pastinaken (ca. 500 g)

1 kleiner Butternusskürbis
  (ca. 500 g)

3 Eier

3 El Mehl

½ Tl Salz

Pfeffer

Außerdem

Butterschmalz oder Pflanzenöl
  zum Ausbacken

Zubereitungszeit:

ca. 50 Minuten

Für den Minze-Dip die Minze und die Petersilie waschen, trocken schütteln, die Blätter abzupfen und fein hacken. Joghurt und saure Sahne verrühren, die Harissapaste und die Kräuter untermischen. Mit Salz und Kreuzkümmel würzen.

Für die Puffer die Pastinaken und den Kürbis schälen. Den Kürbis gegebenenfalls halbieren. Alles mit dem Spiralschneider in dünne Spaghetti schneiden, zwischendurch die Nudeln kürzen. Die Spaghetti in einer großen Schüssel mischen. Die Eier, das Mehl, Salz und etwas Pfeffer gründlich verrühren und mit den Spaghetti gut vermischen.

In einer beschichteten Pfanne das Fett erhitzen. Mit der Gabel kleine Puffer aufdrehen, in die Pfanne geben und flach streichen. Die Puffer portionsweise bei mittlerer Hitze 6–8 Minuten schwimmend ausbacken, dabei einmal wenden. Sofort mit dem Minze-Dipp servieren.

Beim Dip können Sie wunderbar variieren. Sehr lecker schmeckt auch Dill darin und ein paar Spritzer Zitronensaft statt der Harissapaste und des Kreuzkümmels.

Selleriespaghetti-Flans

an Mangold

4 Portionen • Schwierigkeitsgrad: mittel • pro Portion ca. 234 kcal/977 kJ, 10 g E, 19 g F, 5 g KH

ZUTATEN

Für die Flans
1 kleine Knolle Sellerie
  (ca. 250 g Spaghetti)
Saft von ½ Zitrone
1 Zweig Rosmarin
3 Eier
120 g Crème fraîche
abgeriebene Schale von
  ½ unbehandelten Zitrone
Salz, Pfeffer

**Für das Mangold-
gemüse**
1 Kopf Mangold (ca. 600 g)
1 Zwiebel
1 Knoblauchzehe
2 El Olivenöl
Salz
Pfeffer

Außerdem
4 feuerfeste Förmchen
  (ca. 150 ml)
Butter zum Ausfetten

Zubereitungszeit:
ca. 30 Minuten
(plus Backzeit)

Den Backofen auf 180 °C vorheizen. Ein tiefes Backblech mit Wasser füllen und in die zweite Schiene von unten im Backofen stellen. Vier Förmchen mit Butter ausfetten.

Den Sellerie schälen, die Enden abschneiden und mit dem Spiralschneider in dünne Spaghetti schneiden. Die Nudeln zwischendurch kürzen. Mit dem Zitronensaft beträufeln. Rosmarin waschen, trocknen, die Nadeln abzupfen und fein hacken. Die Eier mit Crème fraîche und Zitronenschale verquirlen. Mit Rosmarin, Salz und Pfeffer würzen.

Die Selleriespaghetti in die Förmchen verteilen und die Eiermischung darübergießen. Im Backofen im heißen Wasserbad 25–30 Minuten backen.

Inzwischen den Mangold waschen und putzen. Die Stiele am Blattansatz abschneiden und klein würfeln. Die Blätter halbieren und in ca. 1 cm feine Streifen schneiden. Die Zwiebel und den Knoblauch schälen und fein hacken.

Das Öl in einer Pfanne erhitzen. Zwiebel, Knoblauch und Mangoldstiele 5–6 Minuten anschwitzen. Dann die Mangoldblätter zugeben und weitere 6 Minuten dünsten. Mit Salz und Pfeffer abschmecken.

Die Flans aus den Förmchen lösen und auf Tellern anrichten. Mit dem Mangoldgemüse servieren.

Auch gebratener grüner Spargel schmeckt zu den Flans hervorragend.

Kürbisspaghetti
mit würzigen Hackbällchen

4 Portionen • Schwierigkeitsgrad: mittel • pro Portion ca. 470 kcal/1971 kJ, 30 g E, 33 g F, 14 g KH

ZUTATEN

Für die Hackbällchen
1 Knoblauchzehe
1 Zwiebel
je ½ Bund Koriandergrün
  und Petersilie
500 g Rinderhackfleisch
1 Tl gemahlener Kreuzkümmel
Salz
Pfeffer

**Für die Kürbis-
spaghetti**
1 Butternusskürbis (ca. 800 g)
4 Tomaten (ca. 500 g)
2 El Olivenöl
Salz
Pfeffer

Außerdem
Butterschmalz zum Braten

Zubereitungszeit:
ca. 45 Minuten
(plus Zeit zum Ziehen)

Für die Hackbällchen die Knoblauchzehe und die Zwiebel schälen und fein hacken. Die Kräuter waschen, trocken schütteln, die Blätter fein hacken. Das Hackfleisch mit Knoblauch, Zwiebel und Kräutern vermischen. Mit Kreuzkümmel, Salz und Pfeffer würzen und alles gut verkneten. Aus der Masse etwa 20 Hackbällchen formen und abgedeckt im Kühlschrank ca. 30 Minuten ziehen lassen.

Den Butternusskürbis schälen, das obere Ende abschneiden, gegebenenfalls halbieren und mit dem Spiralschneider in dünne Spaghetti schneiden. Die Nudeln zwischendurch kürzen. Die Tomaten putzen, kreuzweise einschneiden, überbrühen, häuten, quer halbieren und entkernen. Das Fruchtfleisch klein würfeln.

Den Backofen auf 80 °C erhitzen. Ein Backblech mit Backpapier auslegen. In einer Pfanne das Butterschmalz erhitzen und die Hackbällchen portionsweise bei mittlerer bis starker Hitze ca. 6 Minuten rundherum braten und im Backofen warm halten.

In einer Pfanne das Olivenöl erhitzen, die Kürbisspaghetti und die Tomaten unter Rühren 3–4 Minuten bissfest braten. Mit Salz und Pfeffer würzen. Die Kürbisspaghetti auf Tellern anrichten und mit den Hackbällchen servieren.

Die Hackbällchen können auch im Backofen bei 180 °C ca. 15 Minuten gebraten werden.

Statt des Rinderhacks kann auch sehr gut Lammhack verwendet werden.

Passt auch: Etwas geriebener Ingwer verleiht der Marinade zusätzlich eine wärmende Note.

Lamm

mit Möhren-Rosenkohl-Spaghetti

4 Portionen • Schwierigkeitsgrad: mittel • pro Portion ca. 513 kcal/2145 kJ, 47 g E, 31 g F, 11 g KH

ZUTATEN

250 g Rosenkohl
300 g Möhren
5 El Sesamöl
3 El Sojasauce
Saft von 1 Limette
1 Prise Zucker
Salz
600 g ausgelöster Lammrücken
Pfeffer
2 El Butter
2 El Sesam

Zubereitungszeit:
ca. 40 Minuten

Den Backofen auf 100 °C vorheizen. Den Rosenkohl putzen und mit dem Spiralschneider in dünne Streifen schneiden. Die Möhren schälen, die Enden abschneiden und mit dem Spiralschneider in dünne Spaghetti schneiden, zwischendurch die Nudeln kürzen.

Für die Marinade 3 Esslöffel Sesamöl mit Sojasauce, Limettensaft, Zucker und 1 Prise Salz vermischen. Die Möhrenspaghetti und Rosenkohlstreifen mit der Marinade vermischen und 5 Minuten ziehen lassen.

Das Lammfleisch salzen und pfeffern. Das restliche Öl in einer Pfanne erhitzen und das Lamm beidseitig scharf anbraten, herausnehmen und im Backofen ca. 10 Minuten fertig garen.

Im Bratenrückstand die Butter schmelzen, die Möhrenspaghetti und die Rosenkohlstreifen mit Marinade dazugeben und 3–4 Minuten braten.

Das Lamm in Längsscheiben schneiden und mit den Rosenkohl-Möhren-Spaghetti anrichten. Mit Sesam bestreut servieren.

Für ganze Rosenkohlröschen den Rosenkohl putzen, am Stiel kreuzweise einschneiden, damit die Röschen gleichmäßig garen. In wenig Salzwasser zugedeckt ca. 15 Minuten dünsten, dann abtropfen lassen und zum Braten mit den Möhren in die Pfanne geben.

Zoodles

alla carbonara

4 Portionen • Schwierigkeitsgrad: mittel • pro Portion ca. 584 kcal/2442 kJ, 27 g E, 50 g F, 6 g KH

ZUTATEN

4 mittlere Zucchini (ca. 800 g)
Salz
2 Knoblauchzehen
150 g Pancetta (alternativ
    Frühstücksspeck)
1 Handvoll Basilikumblätter
4 ganz frische Eier
80 g geriebener Parmesan
80 g geriebener Pecorino
3 El Olivenöl
Pfeffer

Zubereitungszeit:
ca. 40 Minuten

Die Zucchini waschen, die Enden abschneiden und mit dem Spiralschneider in dünne Spaghetti schneiden, zwischendurch die Nudeln kürzen. Die Zucchininudeln salzen und beiseitestellen.

Die Knoblauchzehen schälen und fein hacken. Pancetta fein würfeln. Basilikum waschen und trocken schütteln. Die Eier mit der Hälfte des geriebenen Käses verquirlen. Die Zucchininudeln unter fließendem kalten Wasser abspülen, gut abtropfen lassen und mit einem Küchenpapier gründlich trocken tupfen.

In einer großen Pfanne das Olivenöl erhitzen, Knoblauch und Speck glasig anschwitzen. Die Zucchininudeln in die Pfanne geben und ca. 2 Minuten braten. Die Pfanne vom Herd ziehen und die Eiermasse zufügen. Alles schnell vermischen, dabei sollen die Eier nicht stocken, sondern eine cremige Sauce ergeben. Mit Salz und Pfeffer würzen.

Die Zucchini-Carbonara auf Tellern verteilen, mit dem Basilikum und dem restlichen Käse bestreuen und sofort servieren.

Streuen Sie auch einmal geröstete Pinienkerne über das Gericht. Sie sorgen für Crunch und nussiges Aroma.

Tofu in Süßkartoffelhülle

mit scharfer Tomatensalsa

pro Portion ca. 531 kcal/2230 kJ, 20 g E, 30 g F, 46 g KH

4 Portionen • Schwierigkeitsgrad: etwas aufwendiger • pro Portion ca. 531 kcal/2230 kJ, 20 g E, 30 g F, 46 g KH

ZUTATEN

Für die Tomatensalsa

600 g Tomaten
1 Bund Koriandergrün
1 Bund Frühlingszwiebeln
2 Chilischoten
3 El Olivenöl
1 El Zitronensaft
1 Tl Zucker
Salz
Pfeffer

Für den Tofu

400 g Tofu (2 Scheiben
 à 200 g)
2 mittelgroße Süßkartoffeln
 (à ca. 300 g)
Salz

Außerdem

1 l neutrales Pflanzenöl
 zum Frittieren

Zubereitungszeit:
ca. 40 Minuten

Für die Salsa die Tomaten waschen, putzen und das Fruchtfleisch klein würfeln. Den Koriander waschen, trocken schütteln, die Blätter fein hacken. Die Frühlingszwiebeln waschen, putzen und ebenfalls fein hacken. Die Chilischoten waschen, den Stielansatz entfernen und die Schoten mit den Kernen fein schneiden. Alles in einer Schüssel vermischen. Olivenöl, Zitronensaft und Zucker unterrühren. Mit Salz und Pfeffer abschmecken. Bis zum Servieren kühl stellen.

Den Tofu abspülen und trocken tupfen. Die Scheiben jeweils vierteln und jedes Viertel nochmals halbieren, so dass 16 Streifen entstehen. Die Süßkartoffeln schälen, die Enden abschneiden und mit dem Spiralschneider in dünne Spaghetti schneiden. Die Tofustreifen einzeln mit den Süßkartoffelspaghetti umwickeln, die Enden jeweils unter die bereits gewickelten Süßkartoffelspaghetti stecken und so fixieren.

In einem Topf das Öl erhitzen. Die umwickelten Tofustücke ins Öl geben (Vorsicht Spritzgefahr!). Den Tofu 3–4 Minuten goldbraun frittieren, dabei einmal wenden. Aus dem Öl nehmen und auf einem Küchenpapier abtropfen lassen. Nach Belieben salzen. Mit der Tomatensalsa servieren.

Die restlichen Süßkartoffelspaghetti ebenfalls frittieren oder für die Süßkartoffelspaghetti mit Mangold verwenden, Seite 75.

Gedämpfter Zander
im Wirsingblatt mit Brokkolispaghetti

4 Portionen • Schwierigkeitsgrad: etwas aufwendiger • pro Portion ca. 429 kcal/1799 kJ, 41 g E, 26 g F, 8 g KH

ZUTATEN
8 große Wirsingblätter
Salz
2 große Brokkoli (à ca. 400 g)
8 Stängel Koriandergrün
½ unbehandelte Zitrone
8 Zanderfilets (à ca. 80 g)
Pfeffer
2 El Olivenöl
2 El Butter
200 g Crème fraîche

Zubereitungszeit:
ca. 45 Minuten

Die Wirsingblätter in Salzwasser kurz blanchieren, abseihen, abschrecken und abtropfen lassen. Den Brokkoli putzen und die Röschen vom Stiel abtrennen. Die Stiele schälen und mit dem Spiralschneider in dünne Spaghetti schneiden. Die Röschen waschen und mundgerecht zerteilen. Die Röschen in Salzwasser ca. 1 Minute blanchieren, abgießen, abschrecken und abtropfen lassen.

Den Koriander waschen, trocken schütteln und die Blätter abzupfen. Die Zitrone heiß waschen, trocknen und in Scheiben schneiden. Die Zanderfilets abspülen, trocken tupfen und halbieren. Mit Salz und Pfeffer würzen.

Die Wirsingblätter auslegen, die dicke Mittelrippe ausschneiden und je ½ Filet darauflegen. Die Brokkolinudeln darübergeben, mit der anderen Filethälfte belegen und mit Korianderblättern bestreuen. Die Seiten der Wirsingblätter einschlagen, alles einrollen und mit einem Zahnstocher fixieren.

In einem weiten Topf mit Dämpfeinsatz ausreichend Wasser, Salz und Zitronenscheiben geben. Die Wirsingpäckchen in den Einsatz legen und zugedeckt 12–14 Minuten dämpfen.

In einer Pfanne Olivenöl und Butter erhitzen, die Brokkoliröschen schwenken und die Crème fraîche unterrühren. Mit Salz und Pfeffer abschmecken. Die Wirsingpäckchen auf Tellern anrichten und mit den Brokkoliröschen servieren.

Schmeckt auch mit Forellenfilets oder Kabeljau!

Lecker schmecken zusätzlich auch angeröstete Pinienkerne, die darübergestreut werden.

Scharfe Spaghetti

aus Zucchini und Pastinake

4 Portionen • Schwierigkeitsgrad: mittel • pro Portion ca. 299 kcal/1255 kJ, 7 g E, 28 g F, 9 g KH

ZUTATEN

4 große Tomaten (ca. 400 g)
4–5 große Pastinaken
  (ca. 500 g)
4 große Zucchini (ca. 500 g)
Salz
2 Knoblauchzehen
1 große Zwiebel
80 g in Öl eingelegte Tomaten
4 Stängel Basilikum
8 El Olivenöl
Pfeffer
Chiliflocken
60 g frisch geriebener Parmesan

Zubereitungszeit:
ca. 30 Minuten

Die Tomaten putzen, kreuzweise einschneiden, überbrühen, häuten und entkernen. Das Fruchtfleisch klein würfeln. Die Pastinaken schälen. Die Zucchini waschen. Die Enden jeweils abschneiden und nacheinander mit dem Spiralschneider in dünne Spaghetti schneiden. Zwischendurch die Nudeln kürzen. Die Zucchininudeln salzen und beiseitestellen.

Den Knoblauch und die Zwiebel schälen und fein hacken. Die getrockneten Tomaten klein schneiden. Das Basilikum waschen, trocken schütteln, die Blätter abzupfen und grob hacken. Die Zucchininudeln und fließendem kalten Wasser abspülen, abtropfen lassen und trocken tupfen.

In einer Pfanne das Olivenöl erhitzen. Knoblauch und Zwiebel darin glasig andünsten. Die Pastinakennudeln zugeben und unter Rühren ca. 1 Minute anbraten. Die Zucchininudeln zugeben und 1 weitere Minute braten. Die getrockneten und frischen Tomaten zugeben, mit Salz, Pfeffer und Chiliflocken abschmecken. Die Spaghetti auf Tellern anrichten, mit Basilikum und Parmesan bestreuen und sofort servieren.

Tortillas

mit bunten Bete-Spaghetti und Hühnchen

8 Stück • Schwierigkeitsgrad: mittel • pro Stück ca. 540 kcal/2258 kJ, 28 g E, 27 g F, 45 g KH

ZUTATEN

Für die Avocado-creme

2 reife Avocado

6 El Zitronensaft

4 El Tahin (Sesammus)

2 Knoblauchzehen

½ Tl Harissapaste

½ Tl gemahlener
  Kreuzkümmel

Salz

Für die Tortillas

1 Bund Petersilie

100 g Rucola

1 rot-weiß geringelte Bete

1 gelbe Bete

1 rote Bete

2 Hähnchenbrustfilets
  (je ca. 150 g, ohne Haut)

2 El Olivenöl

Salz

Pfeffer

8 Tortillas

Zubereitungszeit:
ca. 45 Minuten

Für die Creme die Avocados halbieren, die Kerne entfernen und das Fruchtfleisch mit einem Löffel herauslösen. Mit dem Zitronensaft und dem Tahin pürieren. Die Knoblauchzehen schälen und dazupressen. Mit Harissapaste, Kreuzkümmel und Salz abschmecken.

Die Petersilie waschen, trocken schütteln, die Blätter abzupfen und fein hacken. Den Rucola waschen, putzen und trocken schütteln. Die Beten schälen, die Enden abschneiden und mit dem Spiralschneider in dünne Spaghetti schneiden, zwischendurch die Nudeln kürzen.

Den Backofen auf 200 °C vorheizen. Ein Backblech mit Backpapier auslegen.

Die Hähnchenbrustfilets abspülen, trocken tupfen und klein würfeln. In einer Pfanne das Öl erhitzen und das Fleisch von allen Seiten 4–5 Minuten anbraten. Mit Salz und Pfeffer würzen.

Die Tortillas im Backofen portionsweise erwärmen. Die erwärmten Tortillas mit der Avocadocreme bestreichen, Rucola, Rote-Bete-Spaghetti und Fleisch darauf verteilen. Mit Petersilie bestreuen. Das untere Viertel der Tortillas nach oben umschlagen, die Seiten einschlagen und servieren.

Wer es noch cremiger mag, beträufelt Hühnchen und Bete-Spiralen vor dem Zusammenrollen zusätzlich mit dem Tahin-Dressing von S. 71.

Gelbe Zoodles

alle Vongole

4 Portionen • Schwierigkeitsgrad: mittel • pro Portion ca. 270 kcal/1124 kJ, 31 g E, 5 g F, 12 g KH

ZUTATEN
4 gelbe Zucchini (ca. 800 g)
Salz
1 Bund Petersilie
1 Zwiebel
2 Knoblauchzehen
1 kg Herzmuscheln
2 El Olivenöl
¼ l Weißwein
Pfeffer

Zubereitungszeit:
ca. 45 Minuten

Die Zucchini waschen, die Enden abschneiden und mit dem Spiralschneider in dünne Spaghetti schneiden, zwischendurch die Nudeln kürzen. Die Zucchininudeln salzen und beiseitestellen.

Die Petersilie waschen, trocken schütteln und die Blätter fein hacken. Die Zwiebel und den Knoblauch schälen und fein hacken. Die Muscheln unter fließendem kaltem Wasser gut abbürsten. Schon geöffnete Muscheln aussortieren.

Das Olivenöl in einem großen Topf erhitzen und Zwiebel und Knoblauch anschwitzen. Den Weißwein dazugießen und die Muscheln zugeben. Zugedeckt bei starker Hitze 5–8 Minuten garen, dabei immer wieder am Topf rütteln. Geschlossene Muscheln aussortieren. Mit Salz und Pfeffer abschmecken.

Die Zucchini unter fließendem Wasser abspülen, gut abtropfen lassen und gründlich trocken tupfen. Zu den Muscheln geben und 1 Minute mitgaren. Nochmals abschmecken, mit Petersilie bestreuen und sofort servieren.

Außerhalb der Muschelsaison können auch 500 g Garnelen für dieses Gericht verwendet werden.

Wer es cremig mag, rührt unter die fertig gegarten Muscheln 2 Esslöffel Crème fraîche.

Statt Sesam schmeckt auch gerösteter Hanfsamen aus dem Bio-Laden köstlich!

Violette Möhrenspaghetti

mit Hummus-Sesam-Sauce

pro Portion ca. 458 kcal/1916 kJ, 10 g E, 32 g F, 32 g KH

4 Portionen • Schwierigkeitsgrad: mittel • pro Portion ca. 458 kcal/1916 kJ, 10 g E, 32 g F, 32 g KH

ZUTATEN

Für die Spaghetti

1 kg violette Möhren (z. B.
  Violette oder Purple Haze)
1 Bund Frühlingszwiebeln
2 El weißer Sesam
2 El schwarzer Sesam
3 El Sesamöl

Für die Sauce

1 Knoblauchzehe
200 g Kichererbsen
  (aus der Dose)
1 El Tahin (Sesammus)
Saft von ½ Zitrone
2 El Olivenöl
2 El Sojasauce
200 g Crème fraîche
Salz
Pfeffer

Zubereitungszeit:
ca. 40 Minuten

Die Möhren schälen, die Enden abschneiden und mit dem Spiralschneider in dünne Spaghetti schneiden, zwischendurch die Nudeln kürzen. Die Frühlingszwiebeln putzen, waschen und schräg in dünne Scheiben schneiden. Die Sesamsamen in einer Pfanne ohne Fett rösten.

Für die Hummus-Sauce den Knoblauch schälen und fein hacken. Die Kichererbsen in ein Sieb geben, kalt abspülen und abtropfen lassen. Knoblauch mit Kichererbsen, Tahin, Zitronensaft, Olivenöl, Sojasauce und 4–5 Esslöffeln Wasser cremig pürieren. Die Crème fraîche unterrühren und mit Salz und Pfeffer abschmecken.

In einer Pfanne das Sesamöl erhitzen und die Möhrenspaghetti 4–5 Minuten anbraten. Die Pfanne vom Herd nehmen und die Hummus-Sauce unterrühren. Die Möhrenspaghetti auf Tellern anrichten, mit Frühlingszwiebeln und Sesam bestreuen und sofort servieren.

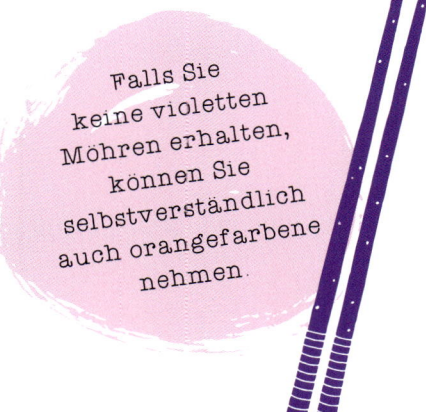

Falls Sie keine violetten Möhren erhalten, können Sie selbstverständlich auch orangefarbene nehmen.

Pochiertes Rinderfilet

mit Kohlrabi-Grünkohl-Pasta

4 Portionen • Schwierigkeitsgrad: mittel • pro Portion ca. 439 kcal/1838 kJ, 46 g E, 25 g F, 8 g KH

ZUTATEN

Für das Rinderfilet
1 Bund Suppengrün
2 Lorbeerblätter
2 Zweige Thymian
5 Pfefferkörner
Salz
Pfeffer
600 g Rinderfilet
grobes Meersalz

Für die Pasta
2 mittelgroße Knollen Kohlrabi
  (à ca. 300 g)
4 Blätter Grünkohl
30 g geröstete Macadamia-
  nüsse
2 El Butter
2 El Olivenöl
Saft von 1 Orange
Salz
Pfeffer

Zubereitungszeit:
ca. 55 Minuten

Das Suppengrün waschen, putzen und klein schneiden. Etwa 3 Liter Wasser aufkochen, Suppengrün, Lorbeer, Thymian und Pfefferkörner zugeben und bei mittlerer Hitze ca. 20 Minuten köcheln lassen. Durch ein Sieb abseihen und nochmals erhitzen. Mit Salz und Pfeffer würzen. Das Rinderfilet zugeben und 20 Minuten unter dem Siedepunkt ziehen lassen.

Kohlrabis schälen, die Enden abschneiden und mit dem Spiralschneider in dünne Spaghetti schneiden, zwischendurch die Nudeln kürzen. Von den Kohlblättern den Strunk abschneiden. Die Blätter abspülen, trocken schütteln und in Stücke zupfen oder in Streifen schneiden. Die Macadamianüsse grob hacken.

In einer Pfanne die Butter und das Olivenöl erhitzen, die Kohlrabispaghetti und den Grünkohl zugeben und 6–8 Minuten unter Rühren braten. Mit Orangensaft ablöschen und mit Salz und Pfeffer würzen.

Die Kohlrabi-Grünkohl-Spaghetti auf Tellern anrichten und mit Macadamianüssen bestreuen. Das Rinderfilet in Scheiben schneiden, mit grobem Meersalz und Pfeffer würzen und dazu servieren.

Wer Zeit, Lust und einen großen Hunger hat, serviert dazu zusätzlich die Süßkartoffel-Fries von S. 40.

Yummie!
Dieses Essen
liefert Energie pur.
Und die Nüsse
sorgen für leckeren
Crunch!

Wer mag, bestreut das Gericht noch mit etwas zerkrümeltem Feta.

Spaghetti aus Süßkartoffeln

mit Mangold und Oliven

4 Portionen • Schwierigkeitsgrad: mittel • pro Portion ca. 392 kcal/1649 kJ, 9 g E, 9 g F, 67 g KH

ZUTATEN

3 große Süßkartoffeln (ca. 1 kg)

1 Knoblauchzehe

1 Zwiebel

1 kleiner Kopf Mangold
  (ca. 400 g)

50 g grüne Oliven

2 El Olivenöl

2 Dosen stückige Tomaten
  (800 g)

Salz

Pfeffer

1 Prise Zucker

1 Tl getrockneter Oregano

Zubereitungszeit:
ca. 35 Minuten

Die Süßkartoffeln schälen, die Enden abschneiden und mit dem Spiralschneider in dünne Spaghetti schneiden, zwischendurch die Nudeln kürzen.

Den Knoblauch und die Zwiebel schälen und fein hacken. Den Mangold waschen und putzen. Die Stiele am Blattansatz abschneiden und klein würfeln. Die Blätter halbieren und in ca. 1 cm feine Streifen schneiden. Die Oliven entkernen und halbieren.

Das Öl in einer Pfanne erhitzen, Zwiebel, Knoblauch und Mangoldstiele 4–5 Minuten anschwitzen. Die Tomatenstücke und die Oliven zugeben. Mit Salz, Pfeffer, Zucker und Oregano würzen und ca. 5 Minuten köcheln lassen.

Die Mangoldblätter zugeben und weitere 6 Minuten kochen. In den letzten 2–3 Minuten Garzeit die Süßkartoffelspaghetti zugeben. Nochmals abschmecken und auf Tellern anrichten.

Auch lecker: Mischen Sie noch 1 Dose Thunfisch im eigenen Saft unter das Gericht, den Sie vorher in Stücke zerpflückt haben.

Wirsingwraps
mit Rote-Bete- und Möhrenspaghetti

4 Portionen • Schwierigkeitsgrad: mittel • pro Portion ca. 279 kcal/1242 kJ, 12 g E, 20 g F, 17 g KH

ZUTATEN
8 große Wirsingblätter
Salz
2 große Möhren
2 Rote Beten
1 gelbe Paprikaschote
8 Stängel Petersilie
3 El Olivenöl
200 g Schafskäse
Pfeffer

Zubereitungszeit:
ca. 45 Minuten

Die Wirsingblätter in Salzwasser kurz blanchieren, abseihen, abschrecken und abtropfen lassen. Die Möhren und die Rote Beten schälen, die Enden abschneiden und zuerst die Möhren, dann die Beten mit dem Spiralschneider in dünne Spaghetti schneiden (Küchenhandschuhe tragen). Zwischendurch die Nudeln kürzen. Die Paprikaschote putzen, waschen und in dünne Streifen schneiden. Die Petersilie waschen, trocken schütteln und die Blätter abzupfen.

In einer Pfanne 2 Esslöffel Olivenöl erhitzen. Paprika und Möhrenspaghetti 2–3 Minuten unter Rühren anbraten. Aus der Pfanne nehmen und im restlichen Olivenöl die Betespaghetti ebenfalls 2–3 Minuten anbraten.

Die Wirsingblätter auslegen, die dicke Mittelrippe ausschneiden und mittig mit Paprika, Möhren- und Betespaghetti belegen. Mit Salz und Pfeffer würzen. Den Schafskäse darüberbröckeln und mit Petersilienblättern bestreuen. Die Wirsingblätter seitlich einschlagen, einrollen und mit Zahnstochern fixieren.

Möhren, Rote Beten und Paprika können auch zusammen in der Pfanne angebraten werden, allerdings verfärbt sich das Gemüse dann rosa.

Lammspieße

auf Pastinaken-Kartoffel-Nudeln

4 Portionen • Schwierigkeitsgrad: mittel • pro Portion ca. 757 kcal/3175 kJ, 47 g E, 51 g F, 27 g KH

ZUTATEN
2 Knoblauchzehen
8 El Olivenöl
2 Tl Ras-el-Hanout
Salz
Pfeffer
600 g ausgelöster
 Lammrücken
1 große Pastinake
4 große festkochende
 Kartoffeln (ca. 500 g)
5–6 El Butterschmalz
 zum Braten

Für den Joghurt-Dip
6 Stängel Minze
6 Stängel Koriander
250 g Schafsjoghurt
Saft von ½ Zitrone
½ Tl Kreuzkümmel
½ Tl Paprikapulver
Salz
Pfeffer

Zubereitungszeit:
ca. 45 Minuten
(plus Marinierzeit)

Den Knoblauch schälen und durch die Knoblauchpresse drücken. Mit 6 Esslöffeln Olivenöl, Ras-el-Hanout, Salz und Pfeffer zu einer Paste verrühren. Das Lammfleisch in ca. 3 cm große Würfel schneiden und mit der Paste vermischen. Zugedeckt ca. 2 Stunden marinieren.

Für den Joghurt-Dip die Kräuter waschen, trocken schütteln und die Blätter fein hacken. Den Joghurt mit dem Zitronensaft und den Gewürzen verrühren. Die Kräuter dazugeben und mit Salz und Pfeffer abschmecken.

Die Pastinaken und die Kartoffeln schälen, die Enden abschneiden und mit dem Spiralschneider in dünne Spaghetti schneiden, zwischendurch die Nudeln kürzen.

Das Lammfleisch aus der Marinade nehmen und auf Spieße stecken. Das restliche Olivenöl in einer Pfanne erhitzen und die Spieße portionswiese 6–8 Minuten braten, dabei wenden.

In einer weiteren Pfanne das Butterschmalz erhitzen und die Kartoffelspaghetti portionsweise schwimmend in Fett 2–3 Minuten frittieren. Auf Küchenpapier abtropfen lassen. Zuletzt die Pastinakenspaghetti ca. 1 Minute braten. Ebenfalls abtropfen lassen. Mit Salz und Pfeffer würzen.

Die Pastinaken-Kartoffel-Spaghetti auf Teller anrichten, die Lammspieße darüberlegen und mit dem Joghurt-Dip servieren.

Wer's scharf
mag rührt eine
frisch gehackte rote
Chilischote unter
den Joghurt-Dip.

Tandoori-Hähnchenbrust

mit Möhrenspaghetti

pro Portion ca. 386 kcal/1616 kJ, 40 g E, 21 g F, 9 g KH

4 Portionen • Schwierigkeitsgrad: mittel • pro Portion ca. 386 kcal/1616 kJ, 40 g E, 21 g F, 9 g KH

ZUTATEN

Für die Hähnchen-brüste

4 Hähnchenbrüste
   (à 150 g, ohne Haut)
250 g Naturjoghurt
   (3,5 % Fett)
4 El Tandoori-Masala-
   Gewürzmischung (Paste)
Salz

Für den Salat

4 große Möhren (ca. 250 g)
Saft von 1 Orange
abgeriebene Schale von
   ½ unbehandelten Orange
4 El Apfelessig
2 El Sesamöl
4 El Olivenöl
Salz
½ Bund Petersilie
2 El weißer Sesam
2 El schwarzer Sesam

Zubereitungszeit:
ca. 30 Minuten
(plus Marinier- und Backzeit)

Die Hähnchenbrüste unter fließendem kalten Wasser abspülen und trocken tupfen. Den Joghurt mit der Gewürzmischung verrühren und das Huhn gut damit einreiben. Das Fleisch in eine Schale legen, die komplette Joghurtmischung zugeben und zugedeckt 2 Stunden im Kühlschrank marinieren.

Den Backofen auf 200 °C vorheizen. Ein Backblech mit Alufolie auslegen. Die Hähnchenbrüste aus der Marinade nehmen und mit der Marinade bestreichen. Auf die Alufolie legen, salzen und auf der mittleren Schiene 15 Minuten backen. Die Temperatur auf 220 °C (Grillfunktion) erhöhen und das Fleisch weitere 15–20 Minuten grillen.

Für die Möhrenspaghetti die Möhren schälen, halbieren und die Enden abschneiden. Mit dem Spiralschneider in dünne Spaghetti schneiden. Für das Dressing den Orangensaft und -abrieb mit Essig, beiden Ölsorten und etwas Salz verquirlen. Dressing und Möhrenspaghetti vermischen und kurz ziehen lassen.

Die Petersilie waschen, trocken schütteln, die Blätter abzupfen und fein hacken. Unter den Möhrensalat mischen und mit weißem und schwarzem Sesam bestreuen. Das Tandoori-Hühnchen mit dem Möhrenspaghetti-Sesam-Salat servieren.

Hauptbestandteile der Tandoori-Masala-Gewürzmischung sind Chilischoten, Kreuzkümmel und Koriandersamen.

Thai-Kokos-Curry

mit Gemüsenudeln

pro Portion ca. 404 kcal/1691 kJ, 12 g E, 23 g F, 37 g KH

4 Portionen • Schwierigkeitsgrad: einfach • pro Portion ca. 404 kcal/1691 kJ, 12 g E, 23 g F, 37 g KH

ZUTATEN

1 kleiner Butternusskürbis
  (ca. 400 g)
1 Süßkartoffel (ca. 400 g)
1 große Zucchini (ca. 250 g)
1 Bund Koriandergrün
100 g Erdnüsse
1 Knoblauchzehe
1 Zwiebel
1 cm frischer Ingwer
3 El Rapsöl
3 El rote Currypaste
1 Dose Kokosmilch (400 ml)
400 ml Gemüsebrühe
1 El Rohrohrzucker
Salz

Zubereitungszeit:
ca. 40 Minuten

Den Kürbis und die Süßkartoffel schälen, den Kürbis am oberen Ende und die Süßkartoffel an beiden Enden abschneiden. Den Kürbis halbieren. Die Zucchini waschen und beide Enden abschneiden. Das Gemüse mit dem Spiralschneider in dünne Spaghetti schneiden, zwischendurch die Nudeln kürzen.

Den Koriander waschen, trocken schütteln, die Blätter abzupfen und fein hacken. Die Erdnüsse grob hacken.

Knoblauch, Zwiebel und Ingwer schälen und fein hacken. Das Öl in einem großen Topf erhitzen und Knoblauch, Zwiebel und Ingwer anschwitzen. Die Currypaste zugeben und mit Kokosmilch und Gemüsebrühe aufgießen. Alles 3–4 Minuten köcheln lassen.

Die Gemüsespaghetti zugeben und das Curry weitere 2–3 Minuten bei kleiner Hitze ziehen lassen. Mit Zucker, Salz und dem gehackten Koriander abschmecken. In tiefen Tellern anrichten und mit Erdnüssen bestreuen.

Halb Curry,
halb Suppe – aber
ganz bestimmt
ungemein
wohlschmeckend!
Bon appétit!

Auberginen-Burger

mit Süßkartoffel-Bun

4 Burger • Schwierigkeitsgrad: mittel • pro Stück ca. 417 kcal/1748 kJ, 18 g E, 18 g F, 46 g KH

ZUTATEN

1 kleine Aubergine
Salz
3 Eier
6 El Semmelbrösel
3 El geriebener Parmesan
2 El Mehl
Pfeffer
1 Kugel Mozzarella
1 große Süßkartoffel
  (ca. 450 g)
4 El Sahne
1 Handvoll Rucola
1 große Tomate

Zubereitungszeit:
ca. 50 Minuten

Den Backofen auf 200 °C vorheizen. Zwei Backbleche mit Backpapier auslegen. Die Aubergine waschen, putzen, in 8 ca. 1 cm dicke Scheiben schneiden und salzen.

1 Ei in einem tiefen Teller verquirlen. Die Semmelbrösel mit dem Parmesan vermischen und mit dem Mehl auf zwei weitere Teller geben.

Die Auberginenscheiben abspülen, abtropfen lassen und trocken tupfen. Mit Salz und Pfeffer würzen und zuerst im Mehl wenden, dann durch das verquirlte Ei ziehen und zuletzt in den Semmelbröseln wälzen. Auf ein Backblech legen und im Backofen auf der mittleren Schiene ca. 10 Minuten backen.

Den Mozzarella hacken. Die Auberginenscheiben wenden, mit dem Mozzarella belegen und weitere 15 Minuten fertig backen.

Die Süßkartoffel schälen, die Enden abschneiden und mit dem Spiralschneider in dünne Spaghetti schneiden. Die restlichen Eier mit der Sahne verquirlen und mit Salz und Pfeffer würzen. Auf das Backpapier die Süßkartoffel-Spaghetti spiralförmig und kompakt zu acht Kreisen (8 cm Ø) legen und etwas flach drücken. Gründlich mit dem verquirlten Ei bestreichen, dabei einmal wenden und wieder etwas flach drücken. Im Backofen auf der mittleren Schiene ca. 15 Minuten backen, dabei einmal wenden. Währenddessen die Auberginen auf dem Blech darunterschieben. So bleiben sie heiß, ohne zu verbrennen.

Den Rucola waschen, putzen, trocken schütteln und in mundgerechte Stücke zupfen. Die Tomate waschen, putzen und in 4 Scheiben schneiden. Für den Burger portionsweise ein Süßkartoffel-Bun mit etwas Rucola, 1 Auberginenscheibe, 1 Tomatenscheibe und 1 weiteren Auberginenscheibe belegen. Mit 1 Süßkartoffel-Bun abschließen und sofort servieren.

Ist das noch
ein Burger oder
schon ein Kunstwerk?
Egal – es schmeckt
und sieht fantas-
tisch aus!

ZUTATEN

2 Brokkoli mit dicken Stiel
  (à ca. 400 g)
Salz
1 Zwiebel
1 Knoblauchzehe
200 g Kichererbsen
  (aus der Dose)
2 El Olivenöl
2 Dosen Tomatenstücke (800 g)
1 Prise Zucker
Pfeffer
4 Zweige Thymian

Zubereitungszeit:
ca. 35 Minuten

Tomaten-Brokkoli-Spaghetti

mit Kichererbsen

4 Portionen • Schwierigkeitsgrad: mittel • pro Portion ca. 212 kcal/894 kJ, 14 g E, 22 g F, 27 g KH

Den Brokkoli putzen und die Röschen vom Stiel abtrennen. Die Stiele schälen und mit dem Spiralschneider in dünne Spaghetti schneiden, zwischendurch die Nudeln kürzen. Die Röschen waschen und mundgerecht zerteilen. Die Röschen in Salzwasser ca. 1 Minute blanchieren, abgießen, abschrecken und abtropfen lassen.

Die Zwiebel und die Knoblauchzehe schälen und fein hacken. Die Kichererbsen abspülen und abtropfen lassen.

Das Olivenöl in einem Topf erhitzen. Zwiebel und Knoblauch anschwitzen. Die Tomatenstücke zugeben, mit Zucker, Salz und Pfeffer würzen und 5–6 Minuten köcheln lassen. Die Brokkolispaghetti dazugeben und weitere 4–5 Minuten bei kleiner Hitze köcheln. Zuletzt die Röschen und die Kichererbsen zugeben und etwa 2 Minuten erwärmen.

Den Thymian waschen, trocken tupfen und die Blättchen abzupfen. Die Tomaten-Brokkoli-Spaghetti auf Teller anrichten und mit Thymian bestreut servieren.

Spaghetti-Lasagne

mit Kartoffeln und Blattspinat

4 Portionen • Schwierigkeitsgrad: mittel • pro Fortion ca. 380 kcal/1595 kJ, 14 g E, 17 g F, 41 g KH

Den Backofen auf 180 °C vorheizen. Ein Backblech mit Backpapier auslegen. Die Kartoffeln schälen und mit dem Spiralschneider in dünne Spaghetti schneiden, zwischendurch die Nudeln kürzen.

Die Kartoffelnudeln mit 2 Esslöffeln Olivenöl vermischen und mit Salz und Pfeffer würzen. Auf dem Backpapier verteilen und gut andrücken. Auf der mittleren Schiene im Backofen 40–45 Minuten knusprig backen.

Den Mozzarella abtropfen lassen und in Scheiben schneiden. Auf der Hälfte der Kartoffelnudeln verteilen und weitere 10–15 Minuten backen.

Inzwischen den Blattspinat putzen, waschen und nicht zu gründlich abtropfen lassen. Die Zwiebel und Knoblauchzehe schälen und fein hacken. In einem großen Topf das restliche Olivenöl erhitzen und Zwiebel und Knoblauch anschwitzen. Den noch feuchten Spinat zugeben und ca. 2 Minuten zusammenfallen lassen. Mit Salz, Pfeffer und Muskatnuss würzen, in einem Sieb abtropfen lassen, dabei gründlich ausdrücken.

Die Kartoffelnudeln in 8 Lasagneblätter schneiden. Portionsweise 1 Lasagneblatt, darauf Blattspinat und darüber 1 Lasagneblatt mit Mozzarella anrichten und sofort servieren.

ZUTATEN
1 kg große festkochende Kartoffeln

3 El Olivenöl

Salz

Pfeffer

1 Kugel Mozzarella

500 g frischer Blattspinat

1 Zwiebel

1 Knoblauchzehe

frisch geriebene Muskatnuss

Zubereitungszeit:
ca. 60 Minuten

Spaghetti-Pizza

mit Kürbis, Manouri und Pinienkernen

mit Kürbis, Manouri und Pinienkernen pro Stück ca. 104 kcal/434 kJ, 5 g E, 7 g F, 4 g KH

Für 12 Stücke (Springform 24 cm Ø) • Schwierigkeitsgrad: mittel • pro Stück ca. 104 kcal/434 kJ, 5 g E, 7 g F, 4 g KH

ZUTATEN
1 Butternusskürbis (ca. 800 g)
2 Eier
2 El Kichererbsenmehl
Salz
Pfeffer
200 g Manouri (griechischer
   Frischkäse)
125 g Rucola
3 El Pinienkerne

Zubereitungszeit:
ca. 45 Minuten

Den Backofen auf 180 °C vorheizen. Die Springform mit Backpapier auslegen. Den Kürbis schälen, das obere Ende abschneiden, halbieren und mit dem Spiralschneider in dünne Spaghetti schneiden.

Die Kürbisspaghetti mit den verquirlten Eiern und dem Kichererbsenmehl gut vermischen. Mit Salz und Pfeffer würzen, in die Springform füllen und fest andrücken. Auf der mittleren Schiene im Backofen ca. 20 Minuten backen. Den Manouri darüberbröckeln und weitere 15 Minuten backen.

Den Rucola verlesen, waschen und trocken schütteln. Die Pinienkerne in einer Pfanne ohne Fett rösten. Die Kürbispizza mit dem Rucola belegen und mit den Pinienkernen bestreuen. In Kuchenstücke schneiden und sofort servieren.

Manouri ist sahniger, griechischer Frischkäse mit 60-80 % Fett i. Tr. Ersatzweise kann vollfetter Ricotta verwendet werden.

Zitronige Brokkolispaghetti

mit Salbei

4 Portionen • Schwierigkeitsgrad: mittel • pro Portion ca. 472 kcal/1976 kJ, 12 g E, 43 g F, 10 g KH

ZUTATEN

1 kg Brokkoli (mit dickem Stiel)
Salz
1 Handvoll Salbeiblätter
30 ml Olivenöl
2 El Butter
200 ml Sahne
200 Crème fraîche
3 El frisch gepresster
 Zitronensaft
Zitronenpfeffer

Zubereitungszeit:
ca. 25 Minuten

Den Brokkoli putzen und die Röschen vom Stiel abtrennen. Die Stiele schälen und mit dem Spiralschneider in dünne Spaghetti schneiden. Die Röschen waschen und recht klein zerteilen. In Salzwasser ca. 1 Minute blanchieren, abgießen, abschrecken und abtropfen lassen.

Den Salbei waschen und trocken tupfen. In einer großen Pfanne Olivenöl und Butter erhitzen, die Brokkoli-Spaghetti und den Salbei unter Rühren ca. 3 Minuten braten. Die Sahne und Crème fraîche einrühren und die Brokkoliröschen zugeben. Weitere 3 Minuten kochen. Mit Zitronensaft, Salz und Zitronenpfeffer abschmecken. Auf Tellern anrichten und sofort servieren.

Schon gewusst?
Kochsahne ist zum Kochen wunderbar geeignet und enthält nur halb so viel Fett wie herkömmliche Sahne.

Frittata

mit Kohlrabispaghetti und Schafskäse

pro Portion ca. 307 kcal/1285 kJ, 22 g E, 21 g F, 8 g KH

4 Portionen • Schwierigkeitsgrad: einfach • pro Portion ca. 307 kcal/1285 kJ, 22 g E, 21 g F, 8 g KH

ZUTATEN

2 kleine Kohlrabis
200 g Kirschtomaten
200 g Schafskäse
½ Bund Petersilie
8 Eier
Salz
Pfeffer

Außerdem

Butter für die Form

Zubereitungszeit:

ca. 20 Minuten
(plus Backzeit)

Den Backofen auf 180 °C vorheizen. Eine Auflaufform mit Butter einfetten. Kohlrabis schälen, die Enden abschneiden und mit dem Spiralschneider in dünne Spaghetti schneiden.

Die Tomaten waschen, trocknen, putzen und vierteln. Den Schafskäse klein würfeln. Die Petersilie waschen, trocken schütteln und fein hacken. Die Eier verquirlen, mit Salz und Pfeffer würzen und die Petersilie unterrühren.

Die Kohlrabinudeln in die Auflaufform füllen, die Tomaten und den Schafskäse darauf verteilen. Die Eiermasse darübergießen. Im Backofen auf der mittleren Schiene 35–40 Minuten backen, bis die Eiermasse gestockt ist.

Zu schade zum Wegwerfen: Ist das Kohlrabi-Grün noch schön frisch, einfach waschen, in Streifen schneiden und mit in die Auflaufform geben.

Für 8 Personen ist dies auch eine leckere Vorspeise. Dann am besten in Portionsförmchen garen.

Zucchini-Linguine

mit frischer Avocado-Tomaten-Salsa

4 Portionen • Schwierigkeitsgrad: mittel • pro Portion ca. 276 kcal/1156 kJ, 7 g E, 21 g F, 14 g KH

ZUTATEN

Für die Linguine

4 große Zucchini (ca. 1 kg)

Salz

Für die Avocado-Tomaten-Salsa

1 Knoblauchzehe

2 reife Avocados

400 g Mini-Romatomaten

3 El Olivenöl

Saft von 1 Limette

1 Tl gemahlener Kreuzkümmel

1 El fein gehacktes
  Koriandergrün

Salz

Pfeffer

Zubereitungszeit:
ca. 35 Minuten

Die Zucchini waschen, halbieren und die Enden abschneiden. Mit dem Spiralschneider in flache Nudeln schneiden, zwischendurch die Nudeln kürzen. Die Zucchini-Linguine salzen und beiseitestellen.

Für die Salsa die Knoblauchzehe schälen und fein hacken. Die Avocados halbieren und vom Kern befreien. Das Fruchtfleisch mit einem Esslöffel herauslösen und klein würfeln.

Die Tomaten waschen, trocknen, putzen und vierteln. Mit Knoblauch und Avocados in einer großen Schüssel vermischen. Mit Olivenöl, Limettensaft, Kreuzkümmel und Koriandergrün würzen. Mit Salz und Pfeffer abschmecken.

Die Zucchininudeln mit kaltem Wasser abspülen und abtropfen lassen. In einem Topf reichlich Wasser erhitzen und die Zucchininudeln 2–3 Minuten blanchieren. Abseihen und die Zucchini-Linguine auf Tellern verteilen. Mit der Avocado-Tomaten-Salsa vermischen und sofort servieren.

Eine extravagante und sehr gesunde Kombination! Wer mag, streut noch gehackte Cashewkerne darüber.

Knollensellerie-Spaghetti

mit Rucola-Pesto und Shrimps

pro Portion ca. 534 kcal/2229 kJ, 22 g E, 45 g F, 11 g KH

4 Portionen • Schwierigkeitsgrad: mittel • pro Portion ca. 534 kcal/2229 kJ, 22 g E, 45 g F, 11 g KH

ZUTATEN

Für das Pesto
50 g Pinienkerne
1 Knoblauchzehe
150 g Rucola
Salz
Pfeffer
50 g geriebener Parmesan
ca. 100 ml Olivenöl

Für die Spaghetti
2 Knollen Sellerie (à ca. 800 g)
3 El Olivenöl
200 g geschälte vorgekochte
 Shrimps oder Krabben

Zubereitungszeit:
ca. 40 Minuten

Für das Pesto die Pinienkerne in einer Pfanne ohne Fett goldgelb rösten. Den Knoblauch schälen und fein hacken. Den Rucola waschen, putzen, trocken schütteln und grob zerkleinern.

Rucola, Pinienkerne, Salz und Pfeffer in einen Mörser geben. Mit dem Stößel zerreiben, bis eine Paste entsteht. Den Parmesan untermischen. In einem dünnen Strahl das Olivenöl einrühren, bis das Pesto die gewünschte Konsistenz hat. Nochmals abschmecken.

Sellerieknollen schälen, die Enden abschneiden und mit dem Spiralschneider in dünne Spaghetti schneiden, zwischendurch die Nudeln kürzen.

In einer Pfanne das Olivenöl erhitzen, die Nudeln und die Shrimps zugeben und 3–4 Minuten von allen Seiten braten. Das Pesto untermischen und die Spaghetti mit den Shrimps auf Tellern anrichten.

Wer keinen Mörser besitzt, kann das Pesto auch mit dem Pürierstab mixen.

Kabeljau im Päckchen

mit Kohlrabispaghetti

4 Portionen • Schwierigkeitsgrad: mittel • pro Portion ca. 244 kcal/1019 kJ, 30 g E, 2 g F, 15 g KH

ZUTATEN

4 Kabeljaufilets (à ca.150 g)
2 mittelgroße Knollen Kohlrabi
  (à ca. 300 g)
2 rosa Grapefruit
2 Knoblauchzehen
2 cm Ingwer
½ Bund Dill
200 ml trockener Weißwein
Salz
Pfeffer

Außerdem
Olivenöl zum Bepinseln

Zubereitungszeit:
ca. 20 Minuten
(plus Backzeit)

Den Backofen auf 200 °C vorheizen. Den Kabeljau waschen und trocken tupfen. Kohlrabi schälen, die Enden abschneiden und mit dem Spiralschneider in dünne Spaghetti schneiden, zwischendurch die Nudeln kürzen. Die Grapefruits filetieren. Den Knoblauch und den Ingwer schälen und in feine Scheiben schneiden. Den Dill waschen, trocken schütteln und fein hacken.

Aus Pergamentpapier vier Rechtecke zurechtschneiden und mit Olivenöl bepinseln. Knoblauch darauf verteilen und die Kabeljaufilets in die Mitte legen. Mit Kohlrabispaghetti, Grapefruitfilets und Ingwerscheiben belegen, mit dem Dill bestreuen und den Wein darübergießen. Mit Salz und Pfeffer würzen.

Das Papier mit Küchengarn sorgfältig zu Päckchen verschließen, auf ein Backblech legen und im Backofen auf der mittleren Schiene etwa 15 Minuten garen. Sofort servieren.

Köstlich essen und dabei viele Kalorien sparen! Der fettarme Kabeljau mit seinem schneeweißen Fleisch gehört zu den beliebtesten Speisefischen.

Curry-Sellerie-Spaghetti
mit Kokos-Hähnchen-Spießen

4 Portionen • Schwierigkeitsgrad: etwas anspruchsvoller • pro Portion ca. 401 kcal/1675 kJ, 24 g E, 25 g F, 19 g KH

ZUTATEN

Für die Hähnchen-spieße

2 Hühnerbrustfilets
(à ca. 150 g, ohne Haut)
50 g Kokosnuss-Creme
½ Tl Kurkuma
½ Tl gemahlener Koriander
½ Tl Chilipulver
1 El fein gehackter Ingwer
2 El Sesamöl

Für die Spaghetti

1 mittelgroße Sellerieknolle
(ca. 500 g)
½ Ananas
60 g Cashewkerne
3 El Rapsöl
½ Tl Currypulver
Salz

Zubereitungszeit:
ca. 45 Minuten
(plus Kühlzeit)

Die Hühnerbrustfilets abspülen und trocknen. In ca. 3 cm breite Streifen schneiden und wellenförmig auf Spieße stecken. Für die Marinade die Kokosnuss-Creme im Wasserbad leicht erwärmen. Mit Kurkuma, Koriander, Chilipulver, Ingwer und 6 Esslöffeln Wasser verrühren. Die Spieße mit der Marinade einreiben und 30 Minuten kühl stellen.

Den Sellerie schälen, die Enden abschneiden und mit dem Spiralschneider in dünne Spaghetti schneiden. Zwischendurch die Nudeln kürzen. Die Ananas schälen, den Strunk entfernen und das Fruchtfleisch klein schneiden. Die Cashewkerne grob hacken.

In einer Pfanne das Rapsöl erhitzen, das Currypulver kurz anrösten, die Sellerienudeln zugeben und unter Rühren 3 Minuten braten. Die Ananas zugeben und weitere 1–2 Minuten braten. Die Cashewkerne untermischen und mit Salz abschmecken.

In einer weiteren Pfanne das Sesamöl erhitzen und die Hähnchenspieße portionsweise von beiden Seiten 4–5 Minuten braten. Die Spieße auf Teller anrichten und die Sellerie-Spaghetti dazu servieren.

Lecker schmecken die Spieße auch mit Lammfleisch. Am besten geeignet ist in diesem Fall in Streifen geschnittenes Lammfilet.

Einige frische Thymian-Blättchen verleihen dem Gericht zusätzlich eine mediterrane Brise.

Schnell, einfach und vegan: Dieses Gericht hat das Potenzial zum Lieblingsgericht.

Spaghetti aus Roter Bete

und Pastinake mit Hummus

4 Portionen • Schwierigkeitsgrad: leicht • pro Portion ca. 442 kcal/1851 kJ, 10 g E, 26 g F, 41 g KH

ZUTATEN

Für die Spaghetti

4 Pastinaken (ca. 500 g)
4 Rote Beten (ca. 500 g)
6–8 El Olivenöl
Salz
Pfeffer

Für das Hummus

6 Stängel Koriandergrün
250 g Kichererbsen
 (aus der Dose)
50 g Tahin (Sesammus)
1 Knoblauchzehe
2 El Olivenöl
Saft von 1 Limette
Salz
Pfeffer

Zubereitungszeit:
ca. 25 Minuten
(plus Backzeit)

Den Backofen auf 180 °C vorheizen. Zwei Backbleche mit Backpapier auslegen.

Pastinaken und Rote Beten schälen und die Enden abschneiden (Küchenhandschuhe tragen).

Zuerst die Pastinaken, dann die Beten mit dem Spiralschneider in dünne Spaghetti schneiden, zwischendurch die Nudeln kürzen. Die Spaghetti jeweils auf dem Backblech verteilen und mit Olivenöl beträufeln. Mit Salz und Pfeffer würzen. Im Backofen 20–25 Minuten backen.

Für das Hummus das Koriandergrün waschen, trocken schütteln, die Blätter abzupfen und fein hacken. Die Kichererbsen abspülen, abtropfen lassen und grob pürieren. Tahin und 50 ml Wasser unterrühren, bis alles eine sämige Konsistenz hat. Die Knoblauchzehe schälen und dazudrücken. Das Olivenöl, den Limettensaft und den Koriander unterrühren. Mit Salz und Pfeffer abschmecken. Die gebratenen Pastinaken- und Rote-Beten-Spaghetti mit dem Hummus servieren.

Nach Belieben können Sie zusätzlich 1/2 Teelöffel gemahlenen Kreuzkümmel und 1 Messerspitze Cayennepfeffer unter das Hummus rühren.

Desserts & Gebäck

Ob in Desserts oder Gebäck - mit dem Spiralschneider wird aus dem Gaumenschmaus auch garantiert ein Augenschmaus!

Mmmmh! Mit Apfelnestern und Kokosküchlein kann der Tag nur gut werden!

Gebackene Apfelnester

mit Marzipan

12 Stück • Schwierigkeitsgrad: leicht • pro Portion ca. 124 kcal/518 kJ, 4 g E, 6 g F, 14 g KH

ZUTATEN
4 kleine Äpfel
Saft von ½ Zitrone
100 g Marzipan
3 Eier
40 g Zucker
60 g Rosinen
30 g gestiftete Mandeln

Außerdem
Butter zum Ausfetten

Zubereitungszeit:
ca. 30 Minuten
(plus Backzeit)

Die Mulden eines Muffinblechs mit Butter ausfetten oder mit Papierförmchen auslegen. Den Backofen auf 180 °C vorheizen.

Die Äpfel waschen, die Enden abschneiden und mit dem Spiralschneider in dünne Spaghetti schneiden. Mit Zitronensaft beträufeln.

Das Marzipan grob reiben. Die Eier mit dem Zucker schaumig schlagen, bis eine weißliche Masse entsteht. Das geriebene Marzipan unterrühren, es muss sich nicht auflösen. Den Teig auf die Muffinförmchen verteilen.

Die Apfelspaghetti zu kleinen Nestern formen und auf den Teig setzen. Die Rosinen und die Mandeln darauf verteilen. Im Backofen auf der mittleren Schiene 25–30 Minuten goldbraun backen. Abkühlen lassen und aus den Mulden heben.

Schmeckt auch lecker: Weichen Sie die Rosinen vor der Verwendung 20 Minuten in Rum ein.

Diese Apfelnester sind so zart und lecker, dass Sie aus dem Kurbeln nicht mehr rauskommen werden!

Saftige Brownies

mit Birnenspaghetti

ca. 12 Stück (Backform 24 x 24 cm) • Schwierigkeitsgrad: mittel • pro Stück ca. 342 kcal/1431 kJ, 6 g E, 19 g F, 37 g KH

ZUTATEN

200 g Zartbitterschokolade
130 g Butter
60 g Pekannüsse
3 mittelgroße Birnen
Saft von ½ Zitrone
125 g Zucker
1 P. Vanillezucker
1 Prise Salz
3 Eier
170 g Mehl
½ P. Backpulver
3 El Quitten- oder Apfelgelee

Außerdem

Butter für den Backrahmen

Zubereitungszeit:

ca. 30 Minuten
(plus Backzeit)

Ein Backblech mit Backpapier auslegen. Einen Backrahmen auf 24 x 24 cm einstellen, mit Butter einfetten und auf das Backblech stellen. Die Zartbitterschokolade grob zerkleinern und mit der Butter unter Rühren über einem heißen Wasserbad schmelzen. Vom Herd nehmen und kurz abkühlen lassen. Den Backofen auf 170 °C vorheizen.

Die Pekannüsse grob hacken. Die Birnen waschen, die Enden abschneiden und mit dem Spiralschneider in dünne Spaghetti schneiden. Mit dem Zitronensaft beträufeln.

Den Zucker mit dem Vanillezucker, Salz und den Eiern schaumig schlagen. Unter Rühren die Schokoladen-Butter-Mischung in dünnem Strahl dazuquirlen. Das Mehl mit dem Backpulver mischen, mit den Pekannüssen zu dem Teig geben und alles gut verrühren. In die Backform füllen und glatt streichen. Die Birnenspaghetti zu kleinen Nestern formen und auf dem Teig verteilen, gut andrücken. Im Backofen auf der mittleren Schiene 30–35 Minuten backen. Das Gelee erwärmen und die Birnennester damit bestreichen. Die Brownies abkühlen lassen und in Stücke schneiden.

Brownies sollten innen immer noch etwas feucht sein. Bei der Stäbchenprobe kann ruhig noch etwas Teig am Stäbchen haften.

Kokosküchlein

mit gelben Zucchinispaghetti

6 Stück • Schwierigkeitsgrad: mittel • pro Stück ca. 367 kcal/1537 kJ, 6 g E, 25 g F, 29 g KH

ZUTATEN
1 mittelgroße gelbe Zucchini
  (ca. 160 g)
120 g weiche Butter
100 g Zucker
3 Eier
90 g Mehl
1 Tl Backpulver
1 Prise Salz
50 g Kokos-Chips

Außerdem
6 feuerfeste Förmchen
  (ca. 180 ml)
Butter zum Ausfetten

Zubereitungszeit:
ca. 25 Minuten
(plus Backzeit)

Den Backofen auf 160 °C (Umluft) vorheizen. Ein tiefes Backblech mit Wasser füllen, sodass die Förmchen zur Hälfte im Wasser stehen und auf die unterste Schiene stellen. Die Förmchen mit Butter ausfetten.

Die Zucchini waschen, die Enden abschneiden und mit dem Spiralschneider in dünne Spaghetti schneiden. Die Zucchininudeln in die Förmchen füllen.

Die Butter mit dem Zucker schaumig quirlen. Die Eier nach und nach dazuquirlen. Mehl, Backpulver und Salz unterrühren. Zuletzt 30 g Kokos-Chips unterheben. Den Teig gleichmäßig in die Förmchen füllen, die Förmchen auf die Arbeitsfläche klopfen, damit sich der Teig zwischen den Zucchinispaghetti verteilt. Im heißen Wasserbad 30-35 Minuten backen.

Die restlichen Kokos-Chips in einer beschichteten Pfanne rösten. Die Förmchen aus dem Backofen nehmen, kurz abkühlen lassen und dann aus der Form stürzen. Die Küchlein mit den Kokos-Chips bestreuen und lauwarm servieren.

Farblich reizvoll: Bereiten Sie die Küchlein auch einmal mit Roter Bete zu.

Kardamom-Milchreis

mit karamellisierten Kakispaghetti

pro Portion ca. 716 kcal/2997 kJ, 17 g E, 30 g F, 93 g KH

4 Portionen • Schwierigkeitsgrad: mittel

ZUTATEN

Für den Milchreis

1 l Milch
1 Prise Salz
250 g Rundkornreis (Milchreis)
1 Tl gemahlener Kardamom
2–3 El Honig

Für die Kaki-Spaghetti

2 große Kakis (à ca. 150 g)
60 g Butter
50 g Zucker

Außerdem

60 g Mandelstifte

Zubereitungszeit:

ca. 35 Minuten

Für den Milchreis die Milch mit dem Salz in einem Topf zum Kochen bringen. Rundkornreis und Kardamom in die Milch geben und bei schwacher Hitze ca. 30 Minuten ausquellen lassen. Dabei gelegentlich umrühren. Den fertigen Milchreis mit Honig süßen und auf tiefe Teller oder Gläser verteilen.

Inzwischen die Kakis waschen, die Enden abschneiden und mit dem Spiralschneider in dünne Spaghetti schneiden, zwischendurch die Nudeln kürzen.

In einer Pfanne die Butter erhitzen, den Zucker zugeben und schmelzen. Die Nudeln hinzufügen und ca. 1 Minute schwenken. Die Kakispaghetti auf dem Milchreis verteilen, mit Mandelstiften bestreuen und sofort servieren.

Statt mit Honig können Sie den Milchreis auch mit klein gehackter weißer Schokolade süßen. Sehr lecker!

Die Kakinudeln nur kurz erhitzen, sonst brechen sie.

Statt der Pinienkerne passen auch gehackte Walnüsse oder Cashewkerne ganz hervorragend.

Pancakes

mit Quittenspaghetti und Sirup

mit Quittenspaghetti und Sirup
pro Stück ca. 244 kcal/1020 kJ, 7 g E, 12 g F, 27 g KH

8 Pancakes • Schwierigkeitsgrad: mittel • pro Stück ca. 244 kcal/1020 kJ, 7 g E, 12 g F, 27 g KH

ZUTATEN
80 g Pinienkerne
2 Eier
1 Prise Salz
200 ml Milch
150 g Mehl
1 Tl Backpulver
1 Quitte (ca. 300 g)
Saft von ½ Zitrone
4 El Butter
3 El Zucker
50 ml Sirup (z. B. Holunder-
    blüten- oder Ahornsirup)

Außerdem
Butter zum Braten

Zubereitungszeit:
ca. 40 Minuten

Die Pinienkerne in einer beschichteten Pfanne ohne Fett rösten und beiseitestellen. Für den Teig die Eier trennen. Das Eiweiß mit Salz steif schlagen. Das Eigelb mit Milch, Mehl und Backpulver verrühren. Den Eischnee unterheben und den Teig bis zur weiteren Verwendung quellen lassen.

Die Quitte schälen, die Enden abschneiden und mit dem Spiralschneider in dünne Spaghetti schneiden. Mit dem Zitronensaft beträufeln.

In einer beschichteten Pfanne 2 Esslöffel Butter erhitzen, die Quittennudeln zugeben und mit dem Zucker bestreuen. Unter Rühren kurz karamellisieren, aus der Pfanne nehmen und beiseitestellen.

In derselben Pfanne 2 Esslöffel Butter erhitzen, je Pfannkuchen 1 Esslöffel Teig hineingeben und einige Quittennudeln darauf verteilen. Backen, bis die Unterseite leicht braun ist, dann wenden und fertig backen. Die restlichen Pancakes ebenso zubereiten.

Die Pancakes mit Pinienkernen bestreuen, mit Sirup beträufeln und sofort servieren.

Die Quitte hat im Vergleich zu Apfel und Birne ein härteres Fruchtfleisch. Beim Spiralschneiden mit Druck, aber mit Fingerspitzengefühl vorgehen.

Süße Apfelnudeln

mit Cranberrys und Maronen-Crumble

pro Portion ca. 210 kcal/880 kJ, 1 g E, 5 g F, 38 g KH

4 Portionen • Schwierigkeitsgrad: mittel • pro Portion ca. 210 kcal/880 kJ, 1 g E, 5 g F, 38 g KH

ZUTATEN

Für die Apfelnudeln
2 große Äpfel
Saft von ½ Zitrone
50 g frische Cranberrys
2 El Zucker

Für den Maronen-Crumble
25 g Maronen (gegart
  und vakuumverpackt)
25 g Zucker
25 g Mehl
25 g kalte Butter

Außerdem
4 feuerfeste Förmchen
  (ca. 150 ml)
Butter zum Ausfetten

Zubereitungszeit:
ca. 25 Minuten
(plus Backzeit)

Den Backofen auf 180 °C vorheizen. Die Förmchen mit Butter ausfetten. Die Äpfel waschen, die Enden abschneiden und das Fruchtfleisch mit dem Spiralschneider in dünne Spaghetti schneiden.

Die Nudeln mit dem Zitronensaft beträufeln und in die Förmchen verteilen. Die Cranberrys darauf verteilen und mit je ½ Esslöffel Zucker bestreuen.

Für den Crumble die Maronen klein würfeln und mit dem Zucker und dem Mehl vermischen. Die Butter grob zerkleinern und zügig mit der Mehlmischung verreiben. Den Streuselteig über die Apfelnudeln bröseln.

Im Backofen auf der mittleren Schiene ca. 35 Minuten goldbraun backen und lauwarm servieren.

Sind gerade keine frischen Cranberrys erhältlich? Weichen Sie auf andere Beeren aus. Auch sehr lecker: Holunderbeeren!

Reichen Sie zu den Küchlein auch einmal etwas glatt gerührte Crème fraîche.

Möhrenspaghetti-Muffins

mit Frischkäse-Frosting

12 Muffins • Schwierigkeitsgrad: mittel • pro Stück ca. 538 kcal/2253 kJ, 13 g E, 38 g F, 37 g KH

ZUTATEN

Für die Muffins

5 große Möhren (ca. 400 g)
6 Eier, 1 Prise Salz
170 g Rohrohrzucker
abgeriebene Schale und Saft
  von ½ Zitrone
50 g Mehl
250 g gemahlene Mandeln
2 Tl Backpulver

Für das Frisch-käse-Frosting

300 g Frischkäse
  (Zimmertemperatur)
180 g weiche Butter
150 g Puderzucker
1 P. Vanillezucker
1 Prise Salz

Außerdem

60 g gehackte Mandeln
12 Tulpenförmchen
  (hohe Papierförmchen)

Zubereitungszeit:

ca. 40 Minuten
(plus Back- und Kühlzeit)

Den Backofen auf 180 °C vorheizen. Die Mulden der Muffin-form mit Papierförmchen auslegen. Die Möhren schälen, die Enden abschneiden, halbieren und mit dem Spiralschneider in dünne Spaghetti schneiden. Die Nudeln zwischendurch kürzen.

Für den Teig die Eier trennen. Das Eiweiß mit Salz steif schlagen. Das Eigelb mit dem Zucker schaumig schlagen, die Zitronenschale und den -saft unterrühren. Mehl, Mandeln und Backpulver mischen und unter den Teig heben. Den Teig in die Förmchen füllen. Die Möhrenspaghetti spiralförmig auf dem Teig verteilen.

Die Muffins im Backofen auf der mittleren Schiene 30–35 Minuten backen. Aus dem Ofen nehmen und kurz abkühlen lassen. Aus den Mulden heben und auskühlen lassen.

Für das Frischkäse-Frosting alle Zutaten zu einer geschmeidigen Masse verrühren. Die Masse in einen Spritzbeutel mit kleiner Lochtülle füllen und etwa 30 Minuten kühl stellen. Die Creme spiralförmig auf die Muffins spritzen und mit den gehackten Mandeln bestreuen. Vor dem Servieren nochmals etwa 20 Minuten kühl stellen.

Da der Teig beim Backen aufgeht, am besten Tulpenförmchen (hohe Papierförmchen) verwenden.

Farblich reizvoll: Bestreuen Sie die Muffins auch einmal mit gehackten Pistazien.

Kaki-Spaghetti

mit Granatapfel und Beerensauce

4 Portionen • Schwierigkeitsgrad: mittel • pro Portion ca. 202 kcal/848 kJ, 3 g E, 5 g F, 36 g KH

ZUTATEN

200 g gemischte Beeren (TK)
2 El Puderzucker
4 El Kokos-Chips
4 El Pistazien
4 große Kakis (à ca. 150 g)
1 Granatapfel

Zubereitungszeit:
ca. 30 Minuten

Für die Beerensauce die Beeren auftauen lassen und mit dem Puderzucker pürieren. Durch ein feines Sieb streichen, um die Kerne zu entfernen.

Die Kokos-Chips in einer Pfanne ohne Fett anrösten. Die Pistazien grob hacken. Die Kakis waschen, nach Belieben schälen, dann putzen und mit dem Spiralschneider in dünne Spaghetti schneiden. Die Nudeln zwischendurch kürzen. Den Granatapfel halbieren, die Schale auseinanderbrechen und die Kerne herauslösen (Küchenhandschuhe tragen!).

Die Kaki-Spaghetti in Spiralen auf Tellern anrichten. Die Granatapfelkerne, Kokos-Chips und Pistazien darüberstreuen. Mit der Beerensauce beträufeln und sofort servieren.

Außerhalb der Kaki-Saison schmeckt dieses leichte Dessert auch toll mit Birnen.

Chocolate-Chip-Cookies

mit Zucchinispaghetti

16 Cookies • Schwierigkeitsgrad: mittel • pro Cookie ca. 151 kcal/633 kJ, 2 g E, 8 g F, 18 g KH

ZUTATEN
120 g Mehl
½ Tl Backpulver
½ Tl Natron
1 Prise Salz
70 g feine Haferflocken
120 g weiche Butter
120 g Zucker
1 Ei
50 g Schokoladentropfen
1 mittlere Zucchini (ca. 160 g)

Zubereitungszeit:
ca. 35 Minuten
(plus Kühl- und Backzeit)

In einer Schüssel Mehl, Backpulver, Natron, Salz und Haferflocken vermischen. In einer anderen Schüssel Butter und Zucker schaumig schlagen, dann das Ei darunterquirlen.

Die Mehlmischung unter die Eimischung rühren und zuletzt die Schokotropfen unterheben. Den Teig im Kühlschrank etwa 30 Minuten kühl stellen.

Den Backofen auf 180 °C vorheizen. Zwei Backbleche mit Backpapier auslegen. Die Zucchini waschen, die Enden abschneiden und mit dem Spiralschneider in dünne Spaghetti schneiden.

Je 1 Esslöffel Teig pro Cookie entnehmen und diese mit etwas Abstand auf beide Backbleche verteilen. Flach drücken und die Zucchininudeln dicht spiralförmig auf die Kekse drücken.

Im Backofen auf der mittleren Schiene 13–15 Minuten backen, bis die Kekse goldbraun sind. Auf dem Blech 10 Minuten abkühlen lassen und anschließend zum kompletten Auskühlen auf ein Kuchengitter legen.

Schmeckt auch mit 50 g gehackten und untergehobenen Nüssen. Außerdem können auch Trockenfrüchte untergehoben werden.

Nashi- und Apfelspaghetti

mit Ricottacreme

4 Portionen • Schwierigkeitsgrad: leicht • pro Portion ca. 423 kcal/1772 kJ, 11 g E, 24 g F, 40 g KH

ZUTATEN
200 ml Sahne
250 g Ricotta
100 g Magerquark
30 g Puderzucker
Schale und Saft von
 1 unbehandelten Zitrone
2 große Nashi-Birnen
 (à ca. 150 g)
1 Apfel (ca. 150 g)
100 g Himbeeren
4 El Honig

Zubereitungszeit:
ca. 25 Minuten

Für die Creme die Sahne steif schlagen. Den Ricotta mit dem Magerquark und dem Puderzucker glatt rühren, mit Zitronenschale abschmecken. Zuletzt die Sahne unterheben. Die Creme bis zum Servieren kühl stellen.

Die Nashi-Birnen und den Apfel waschen, den Stiel entfernen und die Früchte mit dem Spiralschneider in dünne Spaghetti schneiden. Die Obstnudeln zwischendurch kürzen und mit Zitronensaft beträufeln. Die Himbeeren waschen und trocken tupfen.

Die Hälfte der Ricottacreme auf vier Gläser verteilen. Ein paar Nashi-Spaghetti und Himbeeren für die Dekoration beiseitelegen. Die restlichen Nashi- und Apfelnudeln sowie Himbeeren auf der Creme verteilen. Die übrige Ricottacreme darübergeben, mit den restlichen Nashi-Spaghetti und Himbeeren belegen und mit dem Honig beträufelt servieren.

Das Rezept schmeckt auch köstlich mit anderen Beeren wie Brombeeren oder Erdbeeren. Letztere sollten je nach Größe halbiert, geviertelt oder klein gewürfelt werden.

Köstlich, frisch, schnell und ein optisches Highlight: Dieses Dessert hat das Zeug zum Lieblingsnachtisch!

Birnenspaghetti

im Bierteig mit Vanilleeis

4 Portionen • Schwierigkeitsgrad: mittel • pro Portion ca. 431 kcal/1805 kJ, 13 g E, 10 g F, 68 g KH

ZUTATEN

Für die Spaghetti
2 große feste Birnen
  (à ca. 250 g)
Saft von 1 Zitrone

Für den Bierteig
3 Eier
1 Prise Salz
250 ml Bier
200 g Mehl
abgeriebene Schale von
  1 unbehandelten Zitrone

Für den Zimtzucker
5 El Zucker
1 Tl Zimt

Außerdem
4 Kugeln Vanilleeis zum
  Servieren
Butterschmalz zum Ausbacken

Zubereitungszeit:
ca. 45 Minuten

Die Birnen waschen, trocknen und die Enden abschneiden. Das Fruchtfleisch mit dem Spiralschneider in dünne Spaghetti schneiden. Mit dem Zitronensaft beträufeln.

Für den Bierteig die Eier trennen. Das Eiweiß mit Salz steif schlagen. Das Eigelb mit dem Bier verquirlen. Mehl und Zitronenabrieb dazugeben und alles rasch zu einem dickflüssigen Teig verarbeiten. Den Eischnee unterheben.

In einer Pfanne Butterschmalz erhitzen. Mit einer Gabel die Birnenspaghetti zu Nestern drehen, durch den Bierteig ziehen und im heißen Fett schwimmend goldbraun ausbacken. Auf Küchenpapier abtropfen lassen.

Zucker und Zimt vermischen und über die heißen Birnen-Spaghetti streuen. Mit Vanilleeis servieren.

Wenn sich die Birnen-Spaghetti nicht aufdrehen lassen, dann einfach die Nudeln auf eine Schaumkelle schichten, durch den Bierteig ziehen und in die Pfanne geben.